敬啟　齊柏林 先生

身為日本人的我，帶著敬意與誠意，記錄並讚頌這片大地，
您出生的國家，如今依然很美。

攝影師 / 旅行作家　小林賢伍

拜啓　齊柏林 さん

日本人として、敬意と誠意を込めて記録した大地讃頌。
あなたが生まれた国は、今でも美しい。

写真家 / 旅行作家　小林賢伍

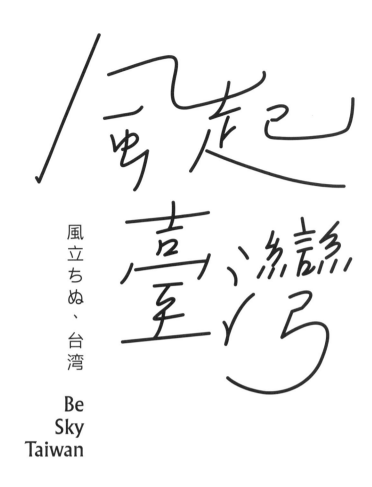

風起臺灣

風立ちぬ、台湾

Be
Sky
Taiwan

KENGO KOBAYASHI

小林賢伍　著

Contents

目次

Preface

風起，臺灣。

遙遠的過去，人類被天上繁星引導，選擇前行的方位，
一再挑戰，試圖接近無法掌握的蒼穹。
現今再次，丈量起現代與天空的距離。

「遙望天際，提醒自己宇宙是多麼浩瀚。
抓住每一個感受遼闊悠遠的機會，這會讓你看見自己的渺小。」——英國小說家，麥特 · 海格

"Look at the sky, remind yourself of the cosmos.
Seek vastness at every opportunity in order to see the smallness of yourself."——Matt Haig

Be Sky Taiwan.

臺灣活火山的鼓動、高山上綻放的滿天星空，
當接觸到大自然的美麗與生命時，我那停滯不前的思緒中吹起了一陣風。

當我順應風的方向，在山海中奔走時，我學到一件事。
人的內心，會不斷激盪起翻騰扶搖而上的氣流，
而天空，總會與我們同在。

風たちぬ、台湾。

遥か昔より、人類は、星に導かれ方角を選び、
掴むことができない大空に、近づこうと挑んできた。
今一度、現代と空の距離を測る。

「空を見て、宇宙を思い出しなさい。
自分の小ささを理解するために、あらゆる機会に広さを求めなさい。」——イギリスの小説家、マット・ヘイグ

"Look at the sky, remind yourself of the cosmos.
Seek vastness at every opportunity in order to see the smallness of yourself."——Matt Haig

Be Sky Taiwan.

台湾の活火山の鼓動、高山に咲く満天の星空、
幾多の自然美と生命に触れた時、足踏みしていた私の思考に風が吹いた。

私は風に身を任せ、山海を駆け巡った時、学んだことがある。
人の心には、絶えず高く舞い上がる気流が渦巻き、
空は、いつも共にあることを。

Map

地圖導覽

「我想從老鷹的背上俯瞰全世界。」

曾在畢業紀念冊上，訴說這種夢想的青年，如今跨海而來，在島國眺望天空。

面對無法掌握的天空，仍有一定程度的規則。

為了看到璀璨銀河系的星空，一定要有全黑的天色。

在令人動心的神聖山巒中，希望能有如水墨畫般的雲霧繚繞。

漫天彷彿火焰般的夕陽，必須要有像海浪般的雲彩。

有風吹起，天空才會變動。

將視線朝向前方，抬起頭，望向明日。

學習天空，向天空伸出雙手，與天空連結，我將探索這座島嶼。

Chapter

鳥
眼

The Eyes of Birds

1

「鷲の背中から世界を見渡してみたい。」

卒業アルバムに、そう夢を語った青年は今、海を越えた島国で、空を眺めている。

掴めない空にも、ある程度の規則がある。

輝く銀河系の星空を見るためには、真っ暗な空が必要であること。

心を動かす神々しい山々には、水墨画のような霧が望ましいこと。

一面を覆う炎のような夕陽には、波のような雲が必須であること。

風があって、空は動く。

視線を先に向けて、顔をあげて、明日を見よう。

空を学び、空に手を伸ばし、空を繋げ、私は、この島を探索する。

SKY
OF
TAIWAN

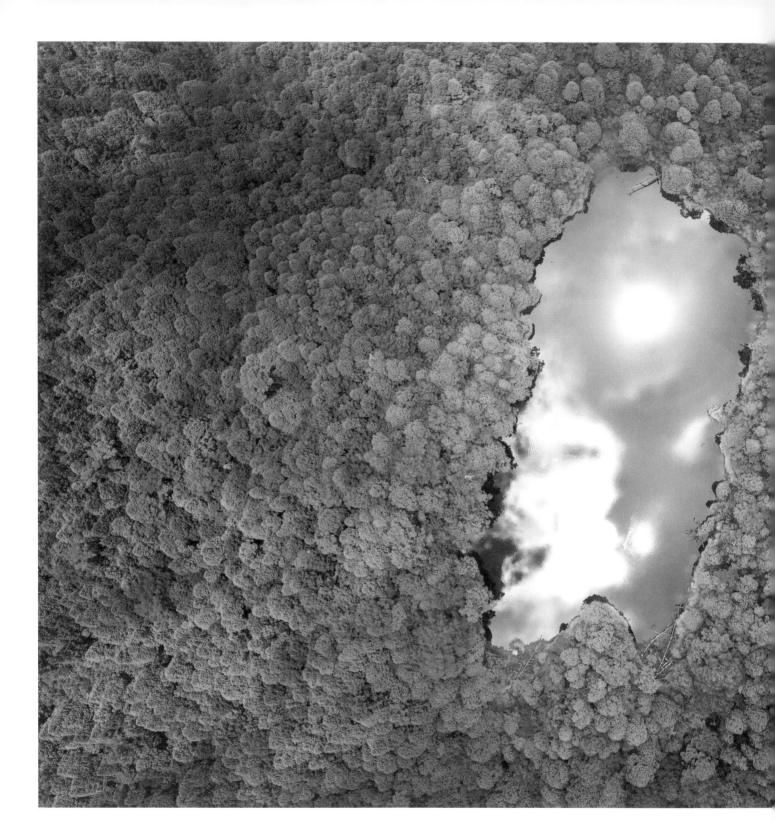

三星池 [1]

Lake Sanxing

宜蘭新祕境，眺望天空的臺灣之眼。

「這才是貨真價實的祕境！」當地原住民對我誇口說這是他偶然發現的湖泊，面對絕景時我也掩飾不了久違的興奮感。老實說，一路上非常危險艱辛。這裡被山林包圍、草木叢生，入口和山道都沒有路標指引，甚至無法判斷自己是否真的走在正確的道路上。

可是，從天空俯瞰三星池時，我感動到全身起了雞皮疙瘩。我個人想給這裡打上五顆星好評。在臺灣超過海拔 3,000 公尺的高山有 250 座以上。而在日本國內，包括富士山在內只有 21 座。而且，臺灣有 7 座比海拔 3,776 公尺的富士山還要險峻的高峰。擁有豐饒大地的臺灣，孕育出險峻的山岳、湍急的河流，再加上溫暖的氣候，植被生態也十分豐富。

臺灣。這裡，一定還有很多感動人心的景色，尚在某處沉睡著。

金崙沙灘 Jinlun Sandy Beach [2]

在金崙生活的人們，有著如同大海般的透明感。

臺東縣太麻里鄉有一個我喜歡的地方。不是「金針花田」那類觀光景點，而是被山海所包圍的小小部落——金崙。1992 年，這裡完成了一座看得到大海的車站。旭日從海平線升起，沐浴於晨輝之中，還能體驗原住民代代相傳的智慧與文化。我投宿在一對排灣族與阿美族夫婦經營的「雜貨店兒子民宿」。當跳上沒車頂的貨車，馳騁在塵土飛揚的山路上時，我感受到了青春。

雖然透過空拍攝影，無法表達我對這片土地的感激之情，但對我而言，這裡是非常重要的地方。

深愛自己的土地。成長後，某一天，重回故鄉，承接世世代代的古老傳統，這是我從金崙以及生活在金崙的人們身上所學習到的事情。

翠峰湖 [3]
Lake Cueifong

漂浮在雲層之上，臺灣最大的高山湖。

一聽說森林裡有日本時代的鐵道，我便出動了所有的相機，前往這座位於宜蘭縣太平山與大元山之間的翠峰湖。

正值初夏，當天卻下起了小雨，霧氣濛濛，帶著些許涼意的高山空氣，讓人忍不住聳起肩膀，我在翠峰環山步道旁的大樹下稍作歇息。全長3.95公里，高低起伏的山路上，氣候不太穩定，視線不佳，一路上已有許多正要折返的回程旅客，我不放棄地繼續向前走了2小時左右。自稱晴男的我，果然運氣很好。突然間霧氣散去，我得以窺見翠峰湖全貌。

「海拔1,840公尺的山上竟然有這麼大的湖泊啊！」臺灣最大的高山湖泊與翡翠色的翠峰湖，深深地烙印在我的眼睛和鏡頭裡。

兆
豐
農
場 [4]

Chao Feng
Ranch & Resort

出國心情，花蓮的豪華庭園。

這附近雖然沒有高樓大廈與繁華的商業設施，卻有十分豐富的自然景觀。我們抵達了目的地，總面積廣達726公頃的兆豐農場。

「1970年代初期，政府重新開發壽豐溪的河床地。當初原本是發展甘蔗種植的農業，1995年開始改為飼育乳牛。接著，又花了大約20年的時間，進行河岸整頓和土地改良。」親切的工作人員告訴了我這些事情，而且，他說大約有200種鳥類棲息其中，還可以抱浣熊。

從天空遠眺此處，我捕捉到彷彿歐洲庭園般的景緻，呈現出一種奇妙的異國感。

其實，這裡也有溫泉。據說，1997年政府從日本請來專家，花了2個月的時間探勘，在二指山地下1,500公尺處成功挖鑿到水脈。臺灣與日本，在許多地方，以各種形式，互相連結。

烏岩角 ⁵

Wuyan Cape

漁夫指引，漂浮在宜蘭海上的綠色美景。

在臺灣國內旅行時，其實我常悄悄地尋找具有臺灣輪廓的自然美景——像是花蓮的洞窟、澎湖的岩石、阿里山的神木等，我也是其他攝影師們發表的「隱藏的臺灣特輯」的潛水粉絲。宜蘭的漁夫聽到我這項隱藏喜好時，便告訴了我一處祕境——烏岩角。

在網路上搜尋，覺得這裡確實可能出現類似臺灣的形狀。這樣一來，我就能成為第一個發現者了！抱著期待和雀躍的心情，我立刻前往宜蘭。

「島的形狀看起來不太像臺灣吧？」「如果是想像力豐富的小朋友，說不定會覺得看起來很像吧！」這是嚴格的母親和輕浮的我之間的對話。然而，我還是遇到了這片美麗的宜蘭景色。我這樣想著，重振精神之後，便繼續尋找下一個「隱藏的臺灣之形」。

見晴懷古步道 [6]

Jianqing
Historic Trail

世界公認最美，刻畫歷史的路線。

「2015 年時，見晴懷古步道被外國評論家評選為全球最美的 28 條小路之一，是臺灣唯一入選的一條步道。全長 2.25 公里，以前是太平山載運木材使用的鐵路，後來這條廢棄的見晴線鐵道被修復為天然步道。」讀完這篇文章，全身重裝上路的我，意外發現，步道遠比想像中來得好走多了。我也因此體會到既高興又後悔的心情。（太重了！）

因為 2013 年頻繁的颱風，這條美麗的步道受到嚴重損害，現在只對外開放已修復完成的 1 公里左右的路段。步道後半段有一條刺激的吊橋坐鎮在那，我引誘一位怕高的朋友上橋，故意搖晃還拍下照片。

好孩子不要學喔。

都蘭鼻 [7]

Pacifalan

臺東都蘭的聖地，讓我成長。

「我想讓更多人認識都蘭部落。」某天的一通電話，把我叫到了這裡。我接收到這群雙眼炯炯有神的青年想向全世界宣揚自己土地心願的心情，在心中發誓要協助他們。

透過一台小相機的小小鏡頭，我記錄下誕生於此的豐富藝術。休息時，在海邊的樹蔭下我漫無目的地放飛空拍機，慢慢地從天空往下望時，我感覺自己和都蘭的距離好像又變得更近了。

一來到這裡，心情就截然不同。總是會有新的發現、相遇與驚奇。那並非只是風景與原住民的傳統文化，而是不知不覺中就讓人蛻變般的不可思議感受。

錐麓古道

世界遺產級的太魯閣國家公園，已被公認是臺灣的代表性景觀之一。近年來，
唯一的史蹟保存區——錐麓古道，尤其備受矚目。為了使用空拍機攝影，這是
我第二次到此造訪了。

錐麓古道是早期臺灣原住民（太魯閣族）各部落間的聯繫要道，當時的面貌依
然殘留至今。目前僅開放至 3.1 公里處的路段（全程共計 10.3 公里）。山路間，
日本時代所建造的石碑門及石像等遺跡散布在各處。才剛抵達目的地，就聽到
集合的信號和注意安全的警示，我趕緊戴上安全帽。

正當調整好心情準備出發時，忽然遇見一群看起來很開心的登山客，他們很快地
說「有像頭那麼大的大理石在眼前落下」。在緊張與不安的情緒下，我開始走
向讓心臟怦然到幾乎衝破胸腔的崖道。每當與人擦肩而過時，都忍不住深呼吸。
在驚險刺激的緊張感中欣賞絕景，或許也是一種臺灣味。

Jhui Lu Historical Trail

臺灣味，在緊張感中領會絕景。

加羅湖[9]

Lake Jialuo

臺灣之鏡，寶島的睡美山。

佇立在登山口旁的，是兩千多歲的大樹，宛如鳥居般充滿威嚴。有時候，臺灣的高山彷彿將我帶進了異世界，隱藏的魅力也還在沉睡中，那正是臺灣潛在的價值。

又到了每年數次在山上過夜的旅行。啊啊啊，真是恐怖的一天。背著 15 公斤重的行李，單程 5 個小時的登山行程。我的心境很複雜。我真的那麼喜歡山嗎？

不過，在海拔 1,800 公尺的高山上，約 400 公尺的高低差，存在不同生態系的林相，這是只有在祕境之中才能全面展開的多樣化舞台。在這小小的湖畔，我體驗到日出日落與雲霧之美，還盡情地享受了神祕的景色與時光。

偉蛋池[10]

Lake Weidan

散落的珍珠。

山頂上，有座映照著天空與星星，如鏡子般的湖泊，還有因為火災及強風的影響，陷入沉睡的白木森林。

這一帶的湖群：偉蛋池、檜木池、撤退池、豪邁池、墨池、姐妹湖、偉人池、加羅湖……有個很美麗的別名——「散落的珍珠」。傳說中，「很久很久以前，有位仙女，當她正在梳妝打扮時，一不小心將桌上的鏡子打破了，鏡子的碎片掉落凡間，在加羅湖山上形成了一座座美麗的湖泊，錯落於群山之中，因而被稱之為散落的珍珠。」

浴火的樹幹和現存的景色，再加上流傳的故事，塑造出童話般的世界。浸在湖中的白木，看起來像是大自然的神祇於此佇立，靜謐的空間，神聖不可侵犯般讓人心生敬畏。

新寮瀑布步道[11]
Sinliao Waterfall Trail

新年快樂，臺灣！

2020 年 1 月 1 日，為了新年有一個好的開始，
我不是到神社參拜，也不是去吃開運食物，而
是跟泰雅族的友人一起來到新寮瀑布步道拍攝
瀑布。

為了安全起見，在入口處必須登記姓名、入園時
間及人數。新寮溪發源於海拔 980 公尺的新寮
山，因斷層地形發達，沿途總共形成 10 座瀑布，
新寮瀑布位於最下層。寂靜的森林中，遠遠地就
可聽見瀑布傳來的陣陣水聲，從吊橋正面就能捕
捉到第一座瀑布。第二座瀑布水花噴濺，氤氳水
氣籠罩了周邊區域。兩座瀑布氣勢各異，我則採
用不同構圖，完成這次拍攝。

新年第一天，我就度過了非常寶貴的時光。

一座山會改變一個人的人生。

抹茶山[12]
（聖母登山步道）

Mt.Matcha
(Sacred Mother Trail)

2018 年，我和臺中攝影師鍾伯俞，偶然間一起
發現這座被聖母守護的山稜，它帶給了我嶄新的
喜怒哀樂。由於過去山上曾發生火災，加上強勁
的山風使得植物難以生長，因而形成這片稀有景
色。拍攝的時候，可能因為我在按快門的時候肚
子餓了吧，我把它叫做「抹茶山」。意外地，這
個日本風的名字，在臺灣國內引起許多共鳴，也
成為了我被許多人認識的契機。

我認為，一步一步，持續前行，才是為了達成更
遠大目標的唯一方法。或許，這也和這個國家未
來發展的道理相同。

臺南的小富士山！

井仔腳瓦盤鹽田[13]

Jing Zhai Jiao Tile Paved Salt Fields

「清朝的名稱是臺灣府城。『臺灣』一名，起初是指臺南一帶的某個區域，
爾後成為整個臺灣的名字。」來到臺灣的前幾年，偶然閱讀到的這段文字，
將我再次帶往臺南。

為了記錄不一樣的臺南，我的視線並未看向這座城市的代名詞──歷史與
美食，而是朝向臺南西北的海邊。我抵達的地方是「井仔腳瓦盤鹽田」。
這裡是從製造井鹽的地方誕生的小小鹽之鄉，擁有全臺灣最美麗的夕照
鹽田。

黃昏時分，在空拍鏡頭下，覆蓋著薄薄水面的鹽田寬廣無際，我拍到了宛
如明鏡的水面全景。剛好飛過天空的鳥群、猶如富士山般的小小鹽山，還
有夕陽餘暉，全都映照其中。很不可思議，那句話又閃過我的內心──「臺
南臺灣，臺南就是臺灣的起源啊！」。哩賀，歹丸。

隙頂象山 [14]
Mt.Xiang, Xiding

天空茶園。

嘉義縣阿里山是 18 座山巒的總稱。當我搭乘的
汽車行駛在山路上時，司機突然停下車跟我說：
「這裡很漂亮喔。」

方位等空拍機起飛後再確認，省略了搜尋目的地
的時間，一切就先讓空拍機起飛再決定。不顧內
心擔憂，是因為身處高海拔地區嗎？即使沒先設
定好拍攝目的地，這一帶怎麼看都美不勝收。就
如同隙頂象山的名稱，空拍機從遠方山巒間隙中
捕捉到巨大的象山，同時，世界馳名的阿里山茶
園的壯闊風光也盡收眼中。

山川琉璃吊橋 [15]

Shanchuan Glass Suspension Bridge

彷彿一條大蛇。

我來到了臺灣最南端的縣市——屏東縣北部的臺灣原住民族文化園區。其實這已經是我第三次造訪這裡了。對於極度熱愛原住民的我而言，這個園區就像是迪士尼樂園。這次的目的地是山川琉璃吊橋，2015 年 12 月正式開放啟用，全長 263 公尺，連結北端「三地門鄉」與南端「瑪家鄉」。由於吊橋高達 45 公尺，所以我不推薦給懼高症的人。

這座吊橋的兩旁分別點綴著象徵排灣族的百步蛇圖騰，以及排灣族和魯凱族的知名工藝品——顏色迥異的琉璃珠。當空拍機從天空拍下這座長橋時，看起來就像是大蛇一般，令我十分印象深刻。

青鯤鯓扇形鹽田 [16]

這裡正是空拍機的祕境景點！

Qingkunshen
Fan-shaped Salt Fields

我終於來到了青鯤鯓扇形鹽田。這裡是臺鹽在 1977 年填平青鯤鯓砂洲和內海後，開闢而成的臺南小祕境。然而，周圍的住家和往來行人卻很少，從平地眺望鹽田，其實根本無法掌握整體輪廓。「你飛上去看看就知道了。」當地人帶著笑容對我說，我接受了他的意見開始飛行空拍機。是這

樣啊，用鏡頭就能捕捉到鹽田朝向大海展開的獨特放射形。扇骨的部分，是給水溝、排水溝、鹹水溝和道路。打破過往傳統樣子的扇形鹽田，雖已逐漸荒廢，但是據說隨著近年的空拍熱潮，扇形鹽田的魅力又再次呈現在眾人眼前。

十八羅漢山風景區 [17]

Eighteen Arhats Mountain Scenic Area

振奮起來，高雄首屈一指的溫泉鄉。

「六龜地區，以前每年有 30 多萬的觀光客來訪。但是，因為 2009 年莫拉克颱風造成的水災重創，東西連貫道路崩塌等影響，人數在這 10 年內減少了約 2 成。」這段話，在我心中，像是和東日本大震災的記憶重疊了。

天災造成部分地勢改變，土地的傷痕就一直存放在大自然這座博物館裡，向世人及造訪者展示和呼籲，過去曾經發生過多麼嚴重的災害。十八羅漢山風景區由大約 40 座火炎山所構成，擁有層巒疊嶂的特殊地形景觀，彷彿十八羅漢就聳立道路兩旁般守望著大地。以溫泉鄉為首，我深切期望這些美景，能重新為當地帶來活力。

林默娘公園 [18]

Lin Mo Niang Park

隱藏於背後的主題。

某天，偶然路過有座高聳醒目媽祖神像的臺南林默娘公園，看到日本新年時常見到的景象，我不禁停下腳步。

那就是，用細繩牽引，利用風力放到空中飛揚的風箏。小時候，我常和家人一起做風箏，在木條或竹條的骨架上貼上紙張，再用風箏線調整彎度和形狀。這幅景象可能在世界各地都能看見。這一隻被風放飛得長長的風箏，不僅影響了我現在這本書《風起臺灣》，同時也串連起我和日本以及與家人共度的回憶。

風起。我想關注那些肉眼看不見的事物。「天空」雖是本書主題，其實，還有個隱藏主題是「風」。

後龍石滬 [19]

Stone Weir, Houlong

金環日蝕之日。

2020 年 6 月 21 日，可以觀測到「金環日蝕」，是
太陽被月亮遮蔽，看來如同金戒指般的日蝕之景。
這天，我來到苗栗縣後龍鎮的濱海地區。這裡保存
了「合歡」與「母乃」兩座約 300 年的石滬。所謂
石滬，大家熟悉的是澎湖用石頭來捕魚的陷阱。在
許多舉家前來觀察潮間帶景色的人群裡，我選擇用
空拍機記錄當下。

原來如此，石滬除了用來捕魚以外，還能充當消波
塊。而高高打來的一波接一波的浪潮，看起來像是
裙擺搖曳生姿的表情，也彷彿正層層刻下歷史。

武陵農場

Wuling Farm

只是，我又更喜歡上了臺灣而已。

離開日本大約 4 年過去了，雖然已經習慣在鄰國臺灣的生活，但每年唯一一次，我一定會在心中吶喊：「無論如何都要去看盛開的櫻花！」

其實，像是阿里山、司馬庫斯等地，臺灣各地到處都有能欣賞盛開櫻花的所在。但是，想開拓全新地點的我，造訪了超過海拔 2,000 公尺，被稱作臺灣避暑勝地的臺中武陵農場。臺灣第二高峰雪山的登山口也在這片廣闊的土地上，隨著四季更迭，武陵農場會展現不同的樣貌風情，涼爽的山風和七家灣溪的潺潺流水聲都能讓五感愉悅。據說從大約 10 多年前開始，這裡便計畫每年種植 1 萬棵的櫻花樹，所以這些年中，已經種植上萬棵櫻花樹了。而且，只要在車上就能欣賞期望已久的櫻吹雪。

沒錯，我就是為了欣賞粉紅櫻花在風中翩舞的景色而來到山中。

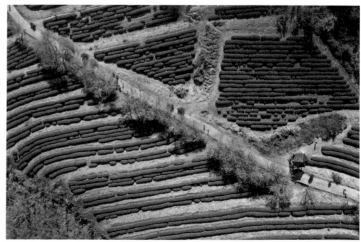

湖山寺 [21]

Hushan Temple　　　　　　大佛的主題樂園。

為了證明被譽為農業王國的雲林縣的嶄新魅力，我造訪了位在雲林東部，被自然環抱的湖山寺。道路兩旁林立著誇張多的金色佛像。其中還有一座坐鎮於小山上的巨大彌勒菩薩像，俯瞰這片土地的樣子相當有存在感。佛像高達 36 公尺，即使從遠處也能明顯看到。

雲林既是隱藏版美食的寶庫，又能欣賞日本時代留下的街景，充滿懷舊感。吃了最愛的牡蠣和烏魚子後，我從嶄新雲林的發現之旅踏上歸途。

我帶著俄國和美國的夥伴，開始我們的快閃之旅。一大清早就在彰化一帶自在馳騁，最後決定去福興鄉的「福寶濕地」，密密堆滿颱風沖刷所帶來的 400 多根漂流木的地方。夏天，這片彰化西部的祕境會變身向日葵花田，到了黃昏時分，還籠罩著一股獨特的氣氛。

鳥類在漂流木上築巢，附近的石碑只安上佛像的頭部，毫無現實感的景色，就像電影場景。在不斷吹來的強烈海風中，我戰戰兢兢地放了空拍機往上飛。即使高度很低，但確認有拍到遠方的風車、壯闊的晚霞和被染成橘紅色的濕地。在這趟旅程的結尾，我遇到最美麗的彰化。

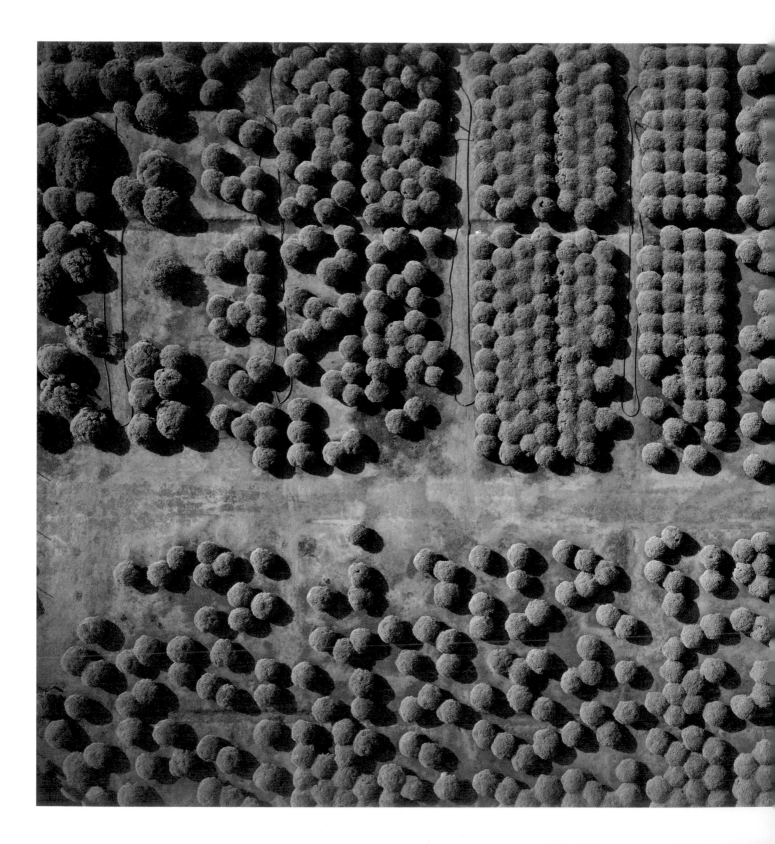

建華芙蓉園 [23]

Jianhua Furong Garden

我最愛的雪見大福樂園。

「怎麼會有如此迷人的形狀與顏色呢？」這種感覺，我在日本也體驗過。

每年盛開的圓滾滾植物，鋪滿了建華芙蓉園的土地，就像是茨城縣常陸國營海濱公園開滿的掃帚草般的存在。波波草其實是「芙蓉草」，本來是新綠色，會隨著季節變化換上白色新衣，據說還是藥用植物。一整片的銀白色景緻，療癒了來訪的人們，也為臺灣帶來了嶄新風貌。

中港溪 [24]

Zhonggang River

總有一天，我一定會再來與這幅神祕的景緻相見。

這裡不是觀光名勝，這片景色也沒有明確的地名，我只是覺得很漂亮所以想拍下來。偶爾會遇到這種地方。這次是在苗栗的空檔時間，我在海邊欣賞晚霞時，遇到了這幅美景。用手機確認方位，最靠近的知名景點是「中港溪」。中港溪位於臺灣北部，屬於中央管河川，河長 54 公里。這邊就在河口附近。

雖然是用肉眼就已讓人心滿意足的美景，但在太陽下沉前的短短時間，後面的燈塔就算看得到，也來不及趕過去，這時只好借助夥伴（空拍機）的力量了。退潮後隱藏的淺灘浮現，出現了無數的道路。Beautiful country, Taiwan ！

雪山登山口服務站 [25]

Trailhead Service Station of Mt.Syue

我在海拔 2,140 公尺處仰望著星空。

雪山於 1992 年被指定為臺灣第五座國家公園,也就是雪霸國家公園,總面積 76,850 公頃,位在 3,000 公尺以上高山群連綿聳立的中央山脈區,橫跨新竹縣五峰鄉與尖石鄉、苗栗縣的泰安鄉及臺中市的和平區。這次我的目的地不是山頂,而是登山口。原因是,這裡有一座能倒映銀河的蓄水池景點,是賞星的祕境。

當時氣溫極低,就連呵氣都會產生白煙。幸好天公作美,明鏡般的水面倒映出滿天星斗。超乎想像,星空之力,我接觸到臺灣魅力的一晚。

「你不會想念日本嗎？」對這個常被問到的問題，我從海拔 1,700 公尺的南投縣清境農場回答大家。

可以肯定，臺灣各地「很日本的風景」給我的安心感，以及對我內心的影響都很大，尤其是代表春天的風物詩——櫻花。能眺望中央山脈的層層山巒，雲霧上的世外桃源，青青草原，也是能讓我聯想到日本的臺灣美景之一。

放牧的羊群，翠綠的草地，還有綻放的櫻花，讓人們遠離城市的繁囂，也讓內心開朗起來。不論是誰，生活在國外，大概都會有思念母國的時候。但是，對日本人來說，臺灣擁有其他地方所沒有的事物，是獨一無二的特別國家。

日本時代的別名——見晴農場。

The One 南園人文客棧 [27]

The One Nanyuan Land of Retreat & Wellness

以風水為基礎，這裡融合了「江南庭園」、「閩南式建築」、「洋館」的拱廊設計，土地面積廣達 27 公頃，比大安森林公園來得更寬廣。四面環山的 The One 南園人文客棧很獨一無二，與其說是住宿設施，我覺得用博物館來形容更合適。這裡有讓人想要深呼吸的氛圍，並將古往今來東西方的自然與文化，昇華至現代風格，表達了欲傳承後世的胸懷。

其中，對日本人的我來說，最值得關注的就是世界級建築師隈研吾先生的作品──〈風檐〉。這個作品他用了 738 根檜木，全部以不同角度榫接而成。可能是拱門構造的關係，就像是神社鳥居般，有一種神聖世界入口的意趣。雖然是木材，卻給人柔和的印象，〈風檐〉和南園，有著超乎我所求的奢華體驗。

三角埔頂山 Mt. Sanjiaopu

不可思議的山頂祕密基地。

對小朋友們來說，這裡簡直是祕密基地，對大人們來說，則是令人懷念的場所。三角埔頂山，彷彿是日本漫畫《哆啦A夢》中出現的後山場景。這裡，是很不可思議的存在。

廣闊的芒草田野無法完全盡收眼底，隨風搖曳的姿態，就像成群的魚兒在游泳。在山頂處，放眼能遠望新莊、板橋、三重與臺北的景色。被當作地標的高壓電塔，靜靜地坐落在山丘上。漫步於此，能享受一段非常奢侈美好的黃昏時光。

芒草的花語是「活力」。這天，我遇到了閃耀金黃光輝的新北山丘，同時也獲得了滿滿的能量。

鼻頭角步道 [29]
Bitou Cape Hiking Trail

新北的軍艦島。

晴天！藍天！睡眠很充足！今天絕對是適合旅行的好日子。趁這股興奮的心情還沒冷卻，我立刻飛奔到了全長約 3.5 公里，擁有壯麗海岸和海角的木棧步道。

由於是侵蝕海岸，加上岩層石明顯的風化和龜裂，還有土石崩落的危險性，一部分的步道被禁止通行。然而，如果從天空眺望，就能觀察到燈塔及山海一帶的壯闊景觀。捕捉到全貌時，這條步道看起來彷彿是日本漫畫中的宇宙戰艦大和號。我感受到了，這台大型戰艦看起來像是隨時要航向汪洋大海般的氣勢。

銀河瀑布 · 銀河洞 [30]

Yinhe Cave Waterfall, Yinhe Cave

2020 年 10 月 10 日，雙十節連假的第二天。臺灣各地滿溢著國慶日的歡騰氣氛，我在新北市山間騎著機車。雨天裡，我硬是說著「今天說不定會放晴」，但是朋友還是願意接受我的任性，真的很偉大。

純陽宮大約建於 100 年前，廟旁有條瀑布。據說由於瀑布落下時噴濺的水花，如同銀河星光般閃爍，洞窟因此被稱作「銀河洞」，而瀑布就被稱作「銀河瀑布」。看到這幅景象的日本人，一定會聯想到日本千葉縣南房總大福寺的懸崖觀音。想到這樣融合大自然與歷史性建築的獨特風景，將會世世代代傳承下去時，那無窮無盡的時間距離，用「銀河」來表現真是再適合也不過了。

劍龍稜 [31]

Stegosaurus Ridge

在哥吉拉的背脊上奮勇向前，獨一無二的登山步道。

「開始才是關鍵吧！」當天的心情是想要上山下海過一夜。我心中滿懷著期待和希望，與夥伴們一同出發展開冒險。

途中，遇到了小蛇，還接觸到曾殘留人們生活痕跡的岩石。不管這些登山常見的種種狀況，我們開心地談天，但快樂的時間很短暫，大家很快就笑不出來了。雨後泥濘的道路，怎麼走都很濕滑。陡坡上沒有救生索，只能倚靠腕力向上攀爬。這裡與其說是山路，不如說是懸崖吧。但是，在恐怖感中看到的岩石表面，彷彿哥吉拉的背脊般魁梧莊嚴。終於抵達山頂後，與夥伴們的擊掌，成為我一生難忘的美好臺灣回憶。

十三層遺址[32]
Remains of the 13 Levels

臺灣版的天空之城。

被稱作「天空之城」的十三層遺址，正式的名稱是「水湳洞選鍊廠」。據說這裡是日本時代所建造的礦工廠遺跡，當時廠內進行的是金礦和銅礦等的揀選及精煉。這座宏偉的廢墟，被放在罕見的環境之下，守望著歷史長河中那些不為人知的深刻故事。

在這晨霧靜謐中，我用空拍機所捕捉到的世界，就像是宮崎駿導演作品中的美麗畫面。

所謂的風景──因氣候、時間、光線、植物、水、風的遇合，構築出的「美」。這座遺跡，就是能讓人緬懷當年歷史的貴重寶物，猶如浮游在空中的城堡，讓人回想起那份童心。

汐止拱北殿[33]

Gongbei Temple

這裡能感受到日本自古以來的美學——具侘寂之美的汐止拱北殿。入口處的彼岸橋，雖然短小精緻，也還是不錯的。朱紅色欄杆與灰黑色石板路的對比，加上周圍樹林樹枝伸展的姿態，交織出有深度的風景。這就是我喜愛的沉靜之景。

到了秋天，這附近一帶的紅葉便會被染紅。這座擁有百年以上歷史的廟宇，不只是汐止人的信仰中心，對我而言，還是能感受故鄉之情的小小祕境。

侘寂。

石門水庫[34]
Shihmen Reservoir

回程時，為了要從高處拍攝城鎮，臨時繞了一下遠路，來到臺灣最大的水庫——石門水庫。從高空下望石門水庫，比想像中更閃閃發亮、更加壯觀，孔雀羽毛般的翠綠色湖水盈盈湛滿，確實有療癒人心的力量。水面上漂浮的一處小房子，我事後才得知，是潛水檢修的水上工作平台，但同時這裡對這張照片的構圖而言，也成為凸顯了水庫大小及寬廣度的重要關鍵。

我發誓，下次絕對要在雨季前來，我想親眼目睹水庫洩洪的壯觀氣勢。像水庫這種大規模的存在，讓我停下了腳步思考，體悟到水庫的價值與魅力。

療癒人心的翠綠色力量。

鎮西堡[35]
Zhenxibao

經營「嵩河源民宿」的泰雅族母親與青年是鎮西堡的導覽人員。他們所擁有的山的知識，不是單純閱讀教科書可以獲得，而是從山上的生活中、從學習大自然生態而來。他們的知識將無所事事的我的時間豐富了好幾倍。

站在高不見頂的大樹前，就像是眺望無法度量的大海般，我的內心被那壯闊的世界打動了。雖然那邊不能飛空拍機，不過天真無邪的笑容、家人的愛、突然下起的豪雨，以及這座山的全部，都在在磨練著我的心志。

聚集 100 棵以上樹齡超過 2 千年神樹的聖域。

孝子山[36]
Mt. Xiaozi

一直持續登山的決心！

「一般的觀光地已經不能滿足我，但又不想跑太遠，想在臺灣的大自然裡，享受刺激感。」為了任性的你，我推薦的小祕境是——孝子山。

乍看平凡無奇的登山口，一進去就分別出現前往孝子山、慈母峰及普陀山的階梯步道。你將被迫從這三個選項中做出選擇。我憑直覺判斷，選擇從左手邊的前進，結果抵達了正確答案孝子山。雖然海拔 360 公尺不是很高，但是如果起霧的話，一定能看到有如山水畫般的風景。這附近，其實隱藏著不論男女老少，都會興奮不已的景點。

天元宮

Wuji Tianyuan Temple

櫻花盛開之時再見。

「這間道教的廟宇，於1971年動工，1985 年落成，直徑 108 公尺的圓形五層樓建築，無極真元天壇，由於位於山上，上到那裡就能 360 度環瞰陽明山和大海、臺北盆地等景色。春天時還能欣賞到吉野櫻、山櫻兩種不同顏色交錯盛開的櫻花。」臺灣北部的賞櫻新勝地——淡水天元宮，裡面的管理員很熱心地為我說明。

當時我雖然在旁邊點著頭，其實大腦被奇怪的想法控制，「怎麼看起來這麼像婚禮蛋糕？」所以有點心不在焉。不過，從空中俯瞰的天壇，四周群山環繞，能輕易想像它隨四季更迭變換新色的姿態。

基隆山 [38]

Mt. Keelung

美麗的花和山有刺。

出發前，用空拍機觀察這座山時，「好可愛的山」、「好像金字塔形狀」、「看起來很容易畫下來」，邊輕鬆地說著這些無關緊要的話，邊朝向這座乍看平易近人的山前進。可是，在 2020 年，我最嚴酷的登山經驗就在這裡——基隆山東峰的雷霆峰（海拔 467 公尺）。

太平洋和基隆港在眼前展開，原本以為要開始優雅登山，沒想到卻遇上連續的陡峭岩壁。「這不是攀岩。」雖然登山家同伴這樣說，但岩壁角度卻幾乎達到 80 度。他又說：「因為有輔助繩索，所以不是太難。」但是大家臉上毫無笑容。爬山的時候，「就快到山頂了」這句話絕對不能當真。就在完全無法相信任何事時，又開始下起了雨，周圍大霧瀰漫。只是，下山後，一把年紀的夥伴們全身沾滿泥濘的樣子，我還滿喜歡的。

亞洲樂園 [39]

Asia Theme Park

古城廢墟的故事。

「那個紅色的屋頂是什麼？」操作空拍機時，偶然間鏡頭捕捉到潛藏在石門水庫後方森林裡的一座舊城堡。據當地人說，那是 1980 年代曾經風光一時的大型遊樂園「亞洲樂園」的遺跡。因為是私有地，目前禁止外人進入。雖然有點遺憾，也沒有勇氣深入這處植物蔓生的遺址。不過，湧上了像是發現寶物般的興奮心情。

桃園，這裡有臺灣的玄關桃園機場、盛產水蜜桃的拉拉山，以及從日本時代保留至今的桃園神社。桃園其實很有個性。看著從機場起飛，在全球天空飛行的飛機，再看看手中小小的空拍機，既不堅固，飛行高度也很低，又有非常多的限制，乍看之下似乎不太可靠。但是，為了發掘全新拍攝景點，我放任這台機器飛向天空，飛在「似乎有什麼東西」的山中，成為我的雙眼，讓我繼續探索更深邃的臺灣新祕境。

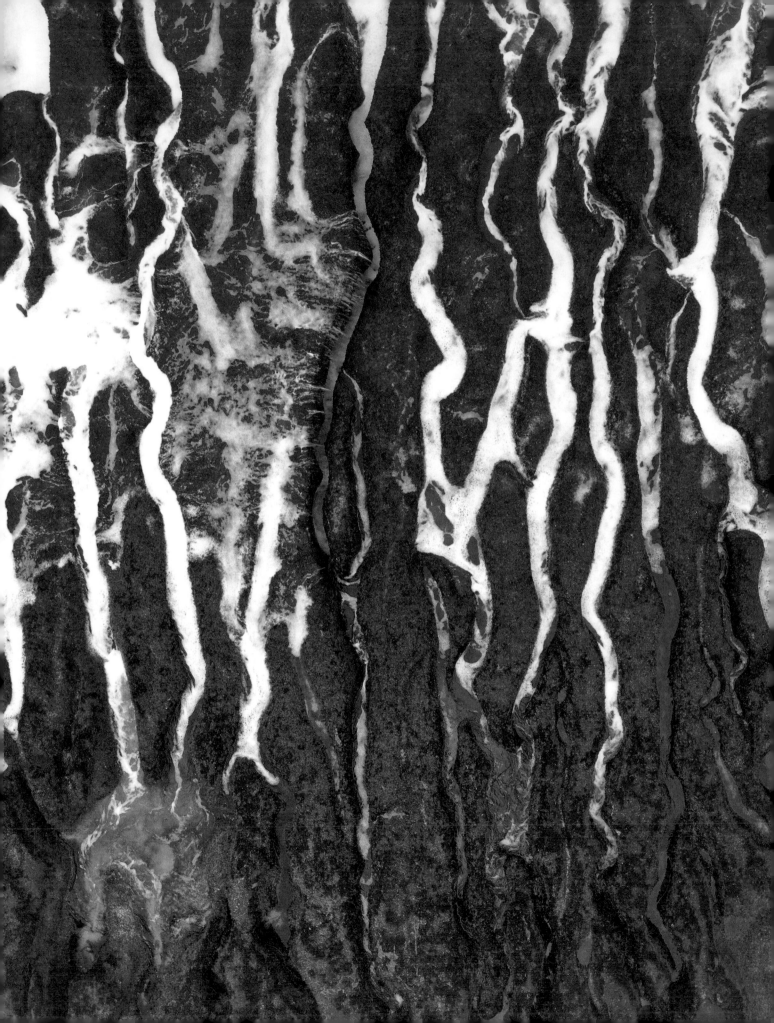

春之雷鳴，在綠色的海岸線綻放。

在臺灣本島最北端，海邊的藻類躍居主角，綻放出綠色的花朵。在被海浪沁潤的石槽（海蝕溝）岩面上，繁殖了一整片海草，春季時節，退潮時的海岸變身為「綠石槽」景觀，開始熠熠生輝。

領略海風吹拂，雙腳踏進沙灘，不知不覺間，我的內心已被眼前畫面所吸引。沿著海岸線，有大批人群想要拍下這幅美景。大自然與市中心相距不遠，這是臺灣獨有的魅力，也讓這個地方活絡了起來。

我想，當候鳥眺望著老梅綠石槽，一定也能感受到春雷鳴響之美吧。

Chapter 1————鳥眼 The Eyes of Birds————北部 Northern Sky / SKY-40————P.91

味衛佳柿餅教育農場[41]

Wei Wei Jia Dried Persimmon Farm

這次的《風起臺灣》作品，最讓我感受到全新魅力的縣市，就
是被稱為風城的風之故鄉——新竹縣。如同山上雲霧繚繞時，
才能隱現更美的表情，新竹正因為有新風吹拂，才能生發獨樹
一格的景觀。

雖然日本也有吊曬乾燥的習慣，在新竹一般的做法是將剝掉外
皮的柿子，果蒂朝下放在竹籃裡風乾。日本有一句諺語：「柿
子紅了，醫生的臉就綠了。」意思是，入秋以後，富含營養的
紅柿子成熟能用時，病人就會快速減少，所以醫生會非常困
擾。看到在這裡工作的人們神采奕奕的模樣，讓我確實感受到，
那句諺語應該不只是單純的傳說。

神明賜與的食物。

給人生一段眺望海島的時間吧。

火山國，臺灣。

「島」這個字，是由形符為「山」及聲符為「鳥」所組成的形聲文字。

沒錯。島的起源，盡是不了解的事情。

我們是島民，生活在四周被海洋包圍，自然形成的陸地上。

從地球誕生後經過了漫長的歲月，如今人類終於能在天空飛翔，與全世界的
島嶼有所連結。

於是，你第一次遇見了，臺灣的顏色、島嶼的形狀、故鄉的表情。

那裡，一定有你未曾感受過的微風，正在吹拂。

Chapter

島
眼

The Eyes of Islands

2

人生に、島を眺める時間を与えよう。

火山国、台湾。

「島」という漢字は、意符「山」と音符「鳥」からなる形声文字である。

そう、島の起源は、知らないことだらけ。

四方を海洋に囲まれ、自然によって形成された陸地に生きる私たち、島人。

地球の誕生から長い月日が経過した今、人類は遂に空を飛び、世界中の島と繋がる

ことができる。

そして、あなたが初めて出逢う、台湾の色、島の形、故郷の表情。

そこには、きっと感じたことのない風が、きっと吹いているはず。

SKY
OF
ISLANDS

梯田上的飛機 [42]

Airplane on the Terrace

風起，臺灣。

「那天，這裡掉了一架小型飛機。」

轉眼間我來到了異世界。島上的地圖上也沒記載這邊的地理情報，就像是，只有沉睡在廣闊草原上的飛機和這個空間中的時間，似乎已經靜止。機身毀損風化了，只剩下骨架，由此可以窺知墜落當時的衝擊力道多麼強烈，我內心震撼不已。似乎是 1987 年的事了，不幸中的大幸，當時的乘客全部平安無事。

風，搬運著生命。久違湧起的這股不可思議情感，讓我心無旁騖地按下快門。橫躺的飛機，像是誘導我進入無風的平穩狀態。但是，也在我的心中吹起了漣漪。

正因為如此人生才有趣，驚喜總是藏在疑問的反面。

石巨人岩柱[43]

Stone Giant

在澎湖東岸附近，能看到數根岩柱林立，彷彿在守護著這座島嶼，也被稱為「石巨人」。因岩石風化的崩壞作用形成的奇石，即使在澎湖縣眾多的特殊火山石中，也是獨一無二，這讓人想起智利世界遺產復活節島的摩艾石像（Moai），是臺灣的新祕境。傳說中，Moai 中的 Mo 表示未來，ai 則是生存的意思。

臺灣的岩柱──岩石的巨人，身為島嶼守護神，存在於彼處，是否也祝願我們能「凝視未來、領導未來」呢？

※ 摩艾石像（Moai）是在智利復活節島上仿造人面雕刻而成的石像。

Remains
of
Japanese Army Camp

日
軍
營
舍
遺
址

島嶼的東北方，殘留著日本時代時日軍建造的砲兵
隊遺址。

事實上，我的祖先曾在鄰國的這座小島生活過，在
刻畫了那段歷史的岩石前，我切身體會到某種深刻
的感慨。防空壕、軍事瞭望台、浴場、廚房、木造
宿舍建築的遺跡，讓我在腦海中，能夠感受到當時
此處那喧鬧而壯闊的空間。

存在於原生世界中的美景。

綠色與藍色的邊界線。

照片右邊的美景被譽為「翡翠豆腐」，亦是東吉嶼上的夏季風景詩——菜宅。用日文直譯的
話，就是蔬菜之家。島上的一半面積，覆滿了鮮亮新綠色的大草原。照片後方，是位於島嶼
南方，高度 34 公尺的虎頭山。從海上眺望，看來就像是一隻小虎躺在大虎身上，因而得名
（我沒能拍到那個角度）。

被蔚藍大海包圍的這座小小的寶島，到底還充滿了多少魅力啊？

東吉嶼燈塔[46]

Dongjiyu Lighthouse

東吉燈塔位於島嶼北側海拔 47 公尺的最高點。明末清初臺灣與福建廈門間的往來十分頻繁。這座燈塔所在之處是船員和漁夫們的指標。然而，眾所周知，這一帶也是海難事件最頻繁發生的海域。為了提升附近海域航行的安全性，明治 44 年（西元 1911 年）興建了燈塔。

倘若這座島嶼是一艘船的話，東吉燈塔則能照亮往來經過的船隻，並持續為各國船隻指引前路。

只願海域平安。

東吉嶼 [47]

Dong-Ji Island

誕生這一本書的島嶼。

感覺海風比平常還要來得暖和。路上走動的貓咪，看起來比平時還舒服。在漁港看到的五彩繽紛的大魚，好像一直在淺水處看著人們一樣。西洋式建築、傳統的澎湖古民家、日本時代巴洛克樣式的各種設計，在這座小小的島上散步，能感受曾經存在，神祕且不可思議的可愛氛圍。

自古以來繁榮的海上貿易基地，過往的產物，沾染了獨特的氣息，吸引著來訪的人們。

小池角雙曲橋 [48]

Xiaochijiao
Zigzag
Bridge

地球、澎湖、海洋。

帶著笑容的女生,在橋上奔跑著,她說「好像跑
在大海上」。澎湖蓋了很多橋,站在橋上,豐富
的生態系就在腳下展開,清澈的大海讓旅人不禁
停下腳步。

面對這片廣闊大海時,我恰好完成了這本書一半
的拍攝工作。開始從天空記錄臺灣之後,我覺得
相較於陸地,很意外地,大海反而帶來更多的發
現。究竟是因為人類無法在海上行走的關係,還
是說,大海能帶給人無限的可能性呢?就像我會
選擇在深夜時段寫文章一樣,當我想要客觀地觀
察事物時,就會選擇來到大海前。

澎湖,真的是會刺激人類想像力的島嶼。

被大海愛護著的大地，
神祕之蒼藍。

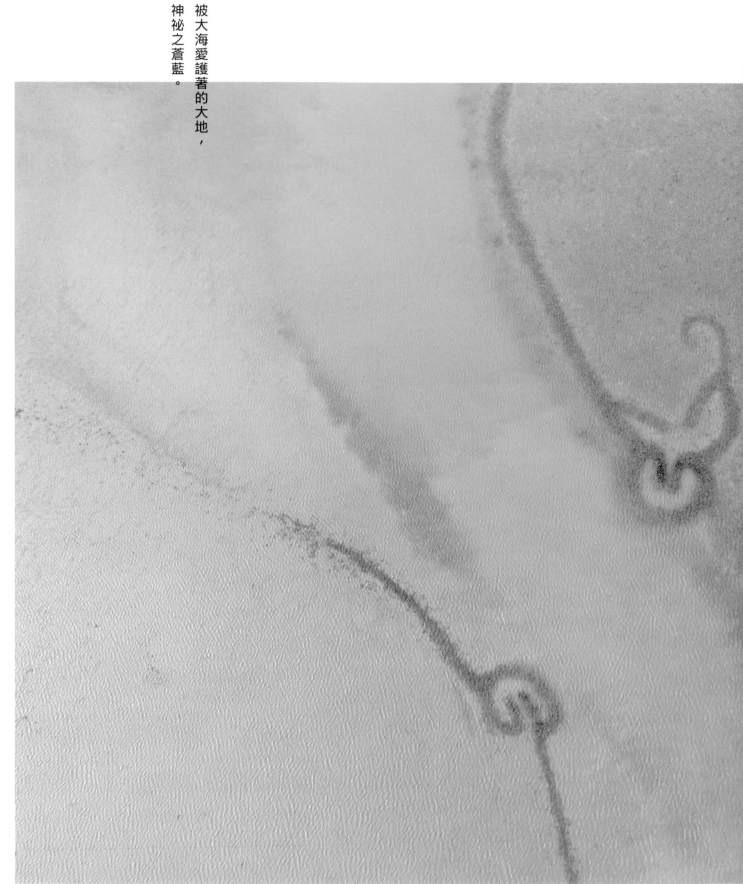

瓦
硐
村

Watong Community

島上的居民告訴我：「從天空往下看，能看得到心
形的岩石。這不只是浪漫而已，這是智慧的形狀，
是利用漲退潮原理的捕魚裝置。觀察魚群的路線，
理解牠們移動的流向，每當退潮之時，就能捕捉到
心形石裡留下的魚了。」

澎湖是由大約 90 座大小島嶼加起來的群島。周遊
世界的風，在祖先智慧所孕育出的心形石上，跟著
海鳥一同飛翔。這裡的海絕對無法只用一種藍色表
達。這顏色如此沉靜透明，能洗滌內心的塵埃，是
人類無法創造出的自然界的存在。明明我已經來過
澎湖好幾次了，但每次離開這座島嶼時，腦中依然
會浮現全新的島嶼魅力。

澎湖，我會再來見你的。

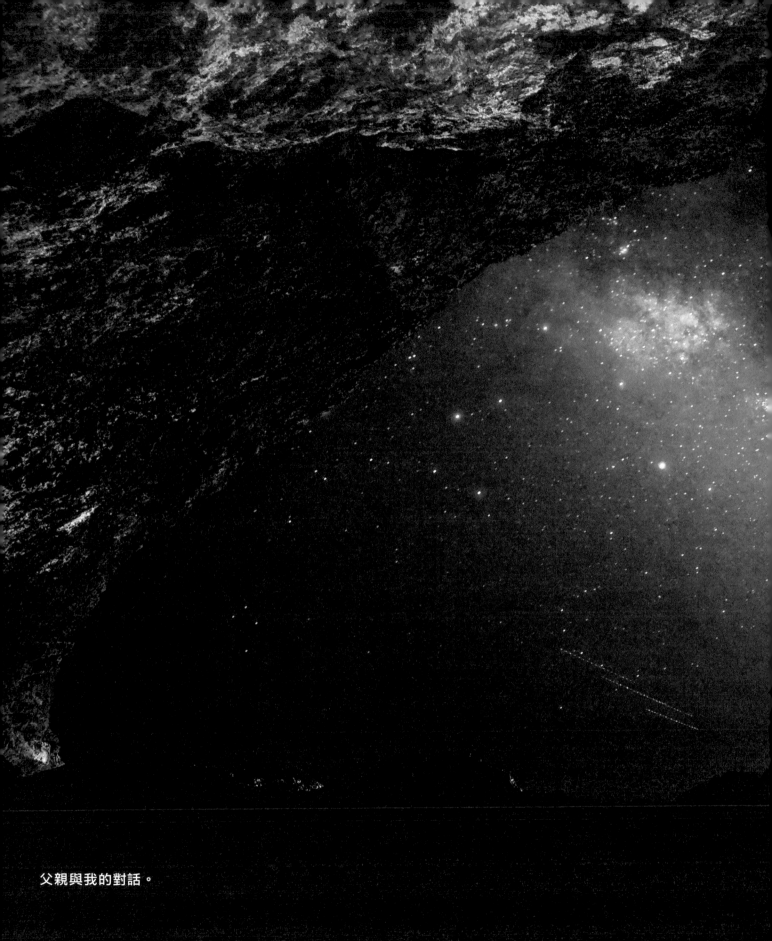

父親與我的對話。

柚子湖 ⁵⁰

Lake Youzi

「柚子湖」，這不是湖泊的名字，而是指曾經存
在於這塊土地上的小漁村。這次的短期旅行裡，
我一再被召喚到這裡。原因是，地表散布著火山
岩地質景觀的綠島，有一座洞窟，到了深夜，會
變成天然的星象儀，喚起了我的回憶。

「用力閉緊雙眼，再抬頭看看天空。那顆星星，
是牛郎星。那明亮的星星就是指標。夏季大三角
在這個方向。」這是大約 20 年前，熱愛宇宙的
父親和我的對話。雖然年幼的我，還不太能理解
星星的魅力，以及父母親對宇宙的滿滿熱情。但
是，親眼看到北斗七星和流星時，那一瞬間的感
動，卻是千真萬確的。時間過了很久，現在我從
鄰國小島的洞窟，眺望銀河。感受地球，想念日
本的家人。

洞窟內飛行的初體驗。

燕子洞 [51]
Swallow Cave

從環島公路一進入靠海的細窄岔道，右手邊是舊監獄遺跡，裡面有十三中隊的公墓。我本來以為「燕子洞」是觀光景點，沒想到一路上領受了碎石地、沙塵與水坑的洗禮，和原本預期的輕鬆行程截然不同，這是一處相當原始的地方，而且杳無人煙。

第一印象就是，「我也許是第一次來到這麼大的洞窟。」站在天然的海蝕洞前，停下腳步，抬頭仰望，內心像是回到兒時般地返璞歸真。地名雖然是燕子洞，洞窟內還殘留著用石頭砌成的舞台遺跡，能感覺到從前有人使用過的氣息。

這座島嶼，不斷帶給我豐富而多樣的發現和思考。

綠島的心得。

Niutou Hill

牛頭山 ⁵²

「好像沒什麼特別顯眼的東西，然而卻有許多不同的風景。」這座面積 16.2 平方公里的小島，像是考驗著旅人般，只提供純粹的大自然，剩下的，就任憑個人的感性。

綠島也有抹茶色的草原，在那裡，經歷了長年風化與海水侵蝕所塑造出的奇岩怪石，彷彿藝術品般星羅棋布。如果具備能享受「什麼都沒有的地方」的才能，不論去到哪裡，肯定都能和那塊土地產生連結。

南寮漁港 [53]

Nanliao Fishing Harbor

我的青澀春天，就在綠島。

天氣預報一直都是雨天。但是，這座島和我的心情，一直都是
大晴天。

從守望歷史的綠島監獄，到朝日溫泉、過山古道、遠方懸崖下
奔跑的羊群、牛頭山上視野所及之處長滿的青翠草地，還有橫
越道路的巨大寄居蟹。在綠島，我遇到了許多景色與故事。我
就像是被風從背後推著，跑遍了整座島嶼。

其中，在綠島的入口處南寮漁港，有座傾斜的燈塔，是許多遊
客都會忽略的景點。深夜裡，燈塔旁只有海浪的聲音響徹，於
是，我對著天空，拿好相機準備拍攝。這段不經意的瞬間，讓
我愛上了這座島嶼。在日本時代，綠島的名稱是「火燒島」。
在這裡遇到的景色與夥伴們，對我的人生而言，如同不滅的聖
火，是緩慢而持續燃燒的火焰。

小基隆嶼 ⁵⁴

Keelung Islet　歡迎來自各國船舶的地標。

「封島了好幾年，重新開放了。」

在每天播報的無數新聞報導中，偶然間聽到的這句
話，隔天便把我推向了碧砂漁港。

久違的離島啊。我因為期待與好奇心而激動不已。
本來不愛讀書的我，只有在這種時候才會開始用功
查資料。基隆嶼位於基隆東北外海，是各國船隻進
基隆港時的海上指標。長度約 960 公尺、寬度約
400 公尺的小島，是海底火山噴發後所形成的懸崖
絕壁之地。

一踏入島上，眼前出現了新綠色的山壁，幾乎沒有
平地，擁有類似太魯閣國家公園的氣勢。運氣好的
是，我無意間拍攝的一張照片，竟是被稱為「小基
隆嶼」的迷你版基隆嶼。

和平島

Heping Island

基隆之呼吸，
零之型 ── 晴天之霹靂。

「和平島是離島喔。」這裡是臺灣第一座連結本島與離島
的橋梁。我之前誤會了，基隆的外島不是只有基隆嶼，和
平島這座寶貝，也很歡迎怕暈船的朋友（像是小林）前來。

基隆是世界各地船隻前來貿易的臺灣窗口，同時也是出發
前往臺灣各個離島的出發點。

我想向臺灣人與和平島公園道謝，你們守護了從琉球──
沖繩來的海女文化。更重要的是，這個國家，不只保存了
歷史的痕跡，更使用現代的方式（藝術、網路、翻譯成各
國語言等）向民眾說明歷史。所以，不只是當地居民，連
我們外國人都能認識這片土地、風景及歷史的重要。

這條無法直行到底的木棧道，如同連結歷史的橋梁。從天
空往下看，像是閃電的模樣。ILHA FORMOSA。

朗島部落 [56]　　Iraraley Tribal Village　　　　　　　　光的三原色，蘭嶼。

從清晨開始，我跳進透明度極高的大海裡，觀察部落的地下屋建築，拍攝曬飛魚乾和路上野生的豬與鹿。生活在島上的這幾天，都是優先滿足好奇心的行動模式，就像是人生中的暑假。

那天傍晚，我本來打算在一家咖啡店悠閒地度過。昏昏欲睡時，夕陽光線從窗口照進我的座位。我和朋友說要去外面看看，便走進了狹窄的後巷。爬上樓梯後回頭一望，看見了「光的三原色」。在無數種光的顏色當中，紅、綠、藍這三種顏色，是眼睛能看得見的光線中最基本的顏色。僅由這三種顏色，就幾乎能組合出這世上的所有顏色。

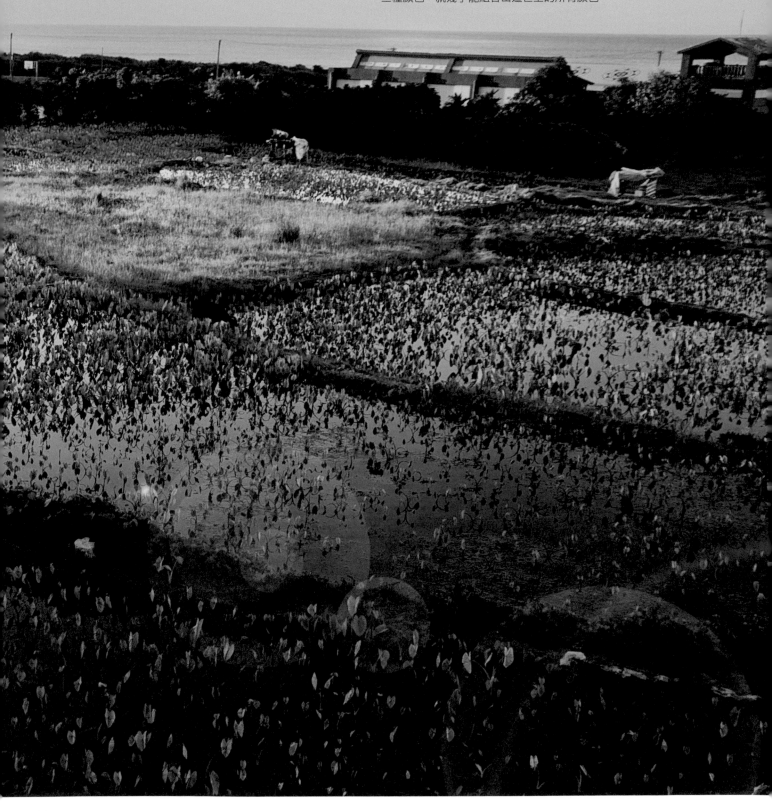

蘭嶼氣象站 [57]

Orchid Island
(Lanyu) Weather Station

日本時代的氣象觀測站。

「睏死了。好想拍攝。但是，真的好睏。」

陷入必須在昏黑的時刻起床的絕望感裡，我很不情願地爬了起來，一個人跨上機車。對蘭嶼視野最佳的風景區，我不抱期待，也不擔心惡劣天氣，只帶著睏意來到制高點——蘭嶼氣象站。一抵達，我就直接睡在氣象站門口的地板，等待旭日到來。

「好刺眼。好想睡。但是，真的好刺眼。」

揉著惺忪的睡眼，慢慢地抬起頭來。糟糕了！日出已經超過海平線了。但這時候，從八代灣的方向，溢出了筆直的強光，照耀著這座日本時代（1940 年）建造的氣象觀測站。偶然的連鎖效應喚來的自然美景，令我感動不已。

沒錯，這才是旅行。

這個國家的高山，總是能讓我重返初心。

生活在代表國家的玉山與阿里山山麓上的原住民──鄒族。

他們和天空、和雲海一起生活，接觸高山及森林，感受太陽與山風。

裝飾著老鷹羽毛的帽子、身上穿的野獸毛皮，他們傳承肉眼所看不見的事物。

我與最靠近天空的臺灣人民，一起記錄神話的大地。

臺灣原住民。

對我而言，他們的魅力就像通透的青空一樣，無限廣大。

'a lea'u ɨm'ɨmnɨ , leako mainenu?

（我很好，你呢？）

Chapter

源
眼

The Eyes of Earth

3

この国の山は、いつも私を初心にかえしてくれる。

国を代表する玉山、阿里山の麓に暮らす原住民、ツゥオ族。

彼らは、空、雲と暮らし、山、森に触れ、太陽、風を感じている。

鷹の羽を飾った帽子、身に纏う獣の皮、彼らが継承する見えないものとは。

最も空が近い台湾の民と、神話大地を記録する。

台湾原住民。

私にとって、彼らの魅力は透き通るような青みを帯びた空のように無限大である。

'a lea'u ʉm'ʉmnʉ , leako mainenu?

（私は、元気です。あなたは？）

SKY
OF
TRIBES

阿里山山美部落

Shanmei Tribal Village, Alishan

① 象山

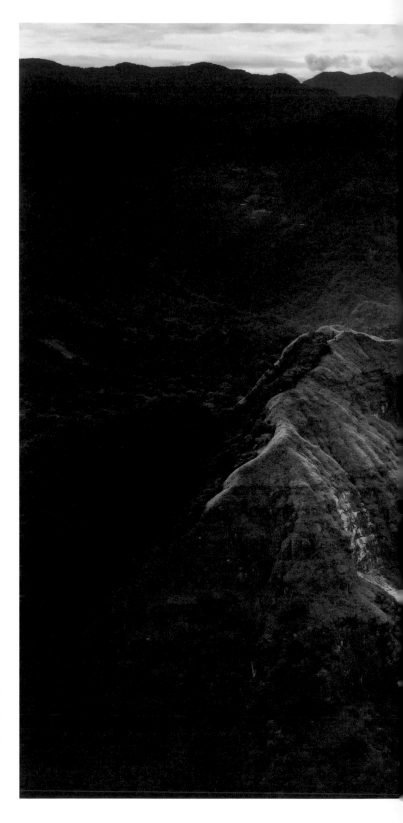

從隙頂地區俯瞰，它彷彿一頭巨象，象頭、象鼻和象背都栩栩如生。根據當地人的敘述，以前天氣好時，一聽到象山發出轟隆聲，就知道天氣要變壞了；反之天氣壞時，聽到轟隆聲，天氣就會變好。

根據當地原住民的傳說，從前每當天候變化或地震前夕，象山總會發出巨響示警，因此又被稱作「銅鐘山」或「氣象山」。象山不僅因長年守護居民安全，而成為當地的精神地標，近來更竄紅成阿里山觀光新亮點。

隙頂地区から俯瞰すると、まるで一頭の巨象。象の頭や鼻、背中など、まさにそっくりだ。地元の人々によると、昔は天気が良いときに、象山から轟音が聞こえてくると、天気が悪くなり、逆に天気が悪いときに轟音が聞こえてくると、天気が良くなると言われていたそうだ。

原住民の伝説によれば、過去には、天候が変わるたびに、または地震の前夜に、象山は常に警告として大きな音を立てていたので、「銅鐘山」または「気象山」とも呼ばれてたそう。長年、住民の安全を守る地域の精神的なランドマークであるだけでなく、近年、阿里山観光の新たなハイライトとなっている。

②

siyungu
魚筌捕魚

鄒語中的 yungu 是魚筌，是一種竹製的捕魚道具。通常秋天河水量減少時，鄒族會將魚筌設置在變窄的河道裡，能捕捉到各類魚、蝦及河鰻等。

ツォウ族の言葉で、yungu。魚を捕らえる竹製の道具である。通常、秋に川の水量が減り、狭くなった水路に罠が仕掛けられ、あらゆる種類の魚、エビ、ウナギなどを捕まえることができる。

魚を捕らえる
竹製の道具

③

yupasu 富

「採擷自然山林的四節食材，以傳統廚藝烹煮，食物原味躍然而出。在山林雲霧中，透過舌尖味蕾探索鄒族飲食文化，感受跨越藩籬框架的驚喜。」

「自然の森林から選び抜かれた四季折々の食材を伝統的な調理法を駆使し、素材本来の味わいを引き出す。山、森、雲霧の中で、舌先からツォウの食文化を探検し、味わい、垣根を越えた驚きを感じて欲しい。」

yupasu｜游芭絲鄒宴餐廳 eabobonʉ 地址 Add：嘉義縣阿里山鄉村山美 1-8 號｜文章提供：游芭絲鄒宴餐廳

阿里山達邦部落

Dabang Tribal Village,
Alishan

①

阿巴里的山

阿巴里の山

達邦部落位於阿里山上海拔約 900 公尺的地方，對鄒族而言，是極為重要的原鄉。我問了當地人關於阿里山名字的由來。「比較有力的說法是，因為以前附近原住民鄒族的族長叫做『阿巴里』，所以才有阿巴里山這個名字。250 年多年前，阿巴里告訴大家『這附近有很好的獵場。』過了不久，阿巴里的山，變成了『阿里的山』，最後成為「阿里山」。」

達邦部落は、阿里山の海抜約 900m に位置する、ツゥオ族にとって欠かすことができない故郷だ。阿里山の名前の由来を、現地の方に聞いた。「一帯に住む先住民・鄒族の族長・『阿巴里』（アバリ）の名から取った説が有力。250 年程前、阿巴里さんが『この一帯には良い狩場がある。』と伝えたことで、阿巴里の山、やがて『阿里の山・阿里山』になった。」

鄒族女性傳統服飾的演變

服裝の進展変化

ツゥオ族の女性の伝統な

傳統服飾の演變

1992 年參與 Mayasvi（戰祭）的年長婦人裝扮，顯示出鄒族女性傳統服飾的多樣性與個人特色。
（地點：嘉義縣阿里山鄉達邦村達邦大社）

原住民族傳統服飾的演變，在 90 年代樂舞的展演化與舞台化有密切的關係，逐漸趨向一致性與標準化以符合舞台展演效果。傳統鄒族女性的服裝並無標準形式，大多以棉料、絲及綢緞裁製而成。而服裝的形制包含頭巾、長袖短上衣、胸兜、單片式長裙、腰帶及護腳布等。成年女性平時以黑色頭巾包頭、頭巾兩端多施以手繡花紋，有的則加上毛線流蘇或絨球。因為使用的材料不一，也是自己或在家裡縫製，所以，以前的傳統服飾更加個人化與多元化。

文章提供：安梓濱｜寫真提供：汪寶瑞修女

1992 年、年長婦人が Mayasvi（戦祭）に参加した際の服装。ツゥオ族の女性の伝統な服装の多様性と個人特色が表されている。（場所：嘉義県阿里山郷達邦村達邦大社）

原住民の伝統的な服装の進展と変化については、1990 年代に楽舞が舞台公演化されたことと密接な関係がある。舞台で展示する際にはきちんと合わせるため、徐々に、一致性と標準化が重視されてきた。伝統的なツゥオ族の女性の服装には標準形式がない。ほどんとは綿、生糸とサテンで仕立てる。服装の形式は、頭巾、長袖の短い上着、胸兜（胸ポケット）、ラップロングスカート、腰帯（ベルト）と護脚布（脛巾）など。普段成人女性は、黒い頭巾を頭に纏う。その多くは、頭巾の両端に手刺繍の花紋を仕立て、一部は毛糸のタッセルやポンポンを付け加える。かつては、材料が不揃いで、縫製も自分や家庭内でしていたため、伝統的な服飾は、より個人化多様化していた。

文章提供：安梓濱｜写真提供：汪寶瑞シスター

③

現今參與音樂祭的年輕人服飾

現今、音楽祭に参加する若者たちの衣装

一般所認為的鄒族傳統女性服裝，大致以藍衣黑裙及配毛線彩球頭飾為標準，但透過早期影像紀錄顯示，能瞭解傳統服飾的多樣性。

一般的にツゥオ族の伝統的な女性の服装は、青い服と黒いスカート及び毛糸のポンポンの頭飾りが基本だと知られていたが、早期の映像記録によると、伝統な服装の多様性がわかってきた。

阿里山特富野部落

Tefuye Tribal Village,
Alishan

鄒族人說
是天神搖動了大樹
讓楓樹的葉子和果子幻化成
鄒族的祖先

鄒族的長老告訴我
起初這裡曾有兩個太陽
祖先生活苦不堪言
幸好出現了一位勇士
他突破萬難
射傷了一個太陽，它成了月亮
從此有了日夜
鄒族人得以日出而作
日落而息
過著安樂的生活

又不知過了多少歲月
平靜的生活起了遽變
洪水淹沒大地
族人避居玉山山頂
無火可用
鄒族人只好設法向天神取火
天神也在這個時候傳授給鄒族祭典儀式

至於後來大水是如何退去的
那又是另一段迷人的神話
神話　開啟與冒險的對話

神話の大地——
台湾阿里山

鄒族の人が言った
神様が大きな木を揺るがし
もみじの葉と実がヒトとなり
鄒族の祖先になった

年寄りが教えてくれた
始めはここに二つの太陽があり
祖先の生活は苦しくて惨めだった

彼は険難に立ち向かい
幸い 勇ましい猛者が現れ
一つの太陽を撃ち、月になった
それ以来、昼と夜があるようになった
鄒族の人びとは日が出ると働き
日が落ちると休むことが出来た
生活のとても幸せで暮らしている

幾つの月日が経ち
平凡な生活に大きな変化が起き
洪水が大地を水浸した
族の人は玉山の頂上に逃げ込んだが
火は消えてしまった
鄒族は神様に火を求め
神様からも火求めの式典を伝授された
洪水はどうのように去ったかに関しては
また一つ、異なる神話の中にある
神話 冒険との会話が始まる

②

狩人の物語

鄒族獵人的「獸骨架」上只放山豬頭骨，因為大多數的獵人都認為，只有山豬才是公認高難度、難征服的野獸。看似體型肥碩笨重的山豬，才是最危險的厲害角色。「要征服一隻山豬，得用性命去拚搏」，相當不容易！

鄒族英雄臂環是由山豬獠牙組成的，要配戴這樣的山豬獠牙臂環可是十分不容易。要配戴這個臂環，必須和一百隻山豬搏鬥，而且每隻山豬的獠牙得長到可以環住手臂。完成了，才是貨真價實的鄒族獵人。

ツゥオ族の狩人の「獣骨の棚」の上には、イノシシの頭骨しか置けない。多くの狩人がイノシシという獣を討ち従えることは、難易度が高いと認めている証である。よく肥えた体、鈍重そうなイノシシこそ、最も危険で、尚且つ、強力なキャラクター。「一匹のイノシシを討ち従えるには、命をかけて格闘しなければならない」。決して簡単ではないのだ！

ツゥオ族の英雄の腕輪は、イノシシの牙で構成されている。このようなイノシシの牙の腕輪をつけるのは非常に難しいことである。それを身に着けるには、百頭のイノシシと格闘しなければならない。更に、イノシシの牙は腕に巻き付けられるだけの長さが必要である。これらをこなしてこそ、正真正銘のツゥオ族の狩人になる。

'a ma-ya

穿上傳統服飾，傾聽部落的故事，我們彷彿是生活在大自然裡的一對父子。被帽子上老鷹的羽毛吸引到忘我的日本人，與心地溫柔的鄒族人。這是很珍貴的一張照片。雖然我在現在的令和時代，無法感受到日本時代的生活，但是我知道曾發生過許多悲傷的歷史。希望在那 50 年裡，臺灣人與 ma-ya（鄒族語中的日本人之意）之間，能像今天的這段時間一樣，有過愉快的時光。

伝統的な服飾を身に纏い、部落の物語を聞く、まるで、私たちは、大自然の中で暮らす父と子。帽子にある鷲の羽毛に気をとられる日本人の私と、心温かきツゥオ族。これは、貴重な一枚だ。今、令和の時代に、日本時代の生活を感じることはできないが、私は、多くの悲しい歴史があったことを知っている。その 50 年の時間に、台湾人と ma-ya（ツゥオ族語で日本人を意味する。）の間に、今日この時のような、愉快なひと時があったことを願う。

APPENDIX

附錄

BE
SKY
TAIWAN

——源島鳥眼眼眼··——日文原文

1

三星池
Lake Sanxing

宜蘭の新秘境、空を眺める台湾の瞳。

「これは紛れもない秘境だ！」地元の原住民が偶然発見したと豪語する湖を前にし、久々に興奮を隠せなかった。ここに辿り着くまでの道程は、正直、危険で過酷であった。山林に囲まれ、草木が生い茂り、入り口や山中には案内表示も無く、歩いている道が果たして本当に正しいのかも判断ができない。

しかしながら、三星池を空から見下ろした時は、全身に鳥肌が立った。個人的には、五つ星の評価である。台湾で海抜 3,000 m を超える高山は、250 座以上。日本国内は富士山も含め 21 座。さらに、台湾には、海抜 3,776 m の富士山より高い峰が 7 座。この豊富な大地を抱える台湾の山岳は急峻であり、河川は急流、温暖な気候も相まって植生も豊かだ。

台湾。ここには、人に感動を与える景観がまだまだ眠っているに違いない。

縣市 County：宜蘭 Yilan｜地址 Add.：宜蘭縣南澳鄉三星池（太平山森林遊樂園區，登山口位於平元林道 12.6K 處）

2

金崙沙灘
Jinlun Sandy Beach

金崙に暮らす人は大海のような透明感がある。

台東県太麻里に私の好きな場所がある。そこは、「ワスレグサの花畑」のような観光地ではなく、山海に囲まれた小さな部落——金崙だ。1992 年、ここに大海が見える駅が完成した。水平線に昇る朝日を浴び、原住民が受け継ぐ知恵と文化を体験できる。私は、パイワン族とアミ族の夫婦が営む「雑貨店児子民宿」に宿泊した。屋根なしの貨物車に飛び乗り、山道を砂埃と駆け上がった時、私は青春を感じた。

ドローンの撮影を通して、この土地に抱く感謝の気持ちを表現することはできないが、ここは私にとって、非常に大切な場所。

自分の土地を愛すること。成長し、いつの日か、自分の故郷に戻ること。そこにある伝統を繋いでいくこと。それは、私が、金崙と金崙に暮らす人々から学んだ事。

縣市 County：臺東 Taitung｜地址 Add.：臺東縣太麻里鄉金崙沙灘（從金崙車站步行約 10 分鐘）

3

翠峰湖
Lake Cueifong

雲に浮かぶ、台湾最大の高山湖。

森林の中に日本時代の線路があると聞き、所持するカメラ総出で宜蘭県の太平山と大元山間にある翠峰湖に向かった。

初夏。小雨に霧がかかる肌寒い山の空気に肩をすくませ、私は翠峰環山歩道の大木下で休憩していた。全長 3.95 km のアップダウンがある山道、気候は安定せず、視界不良、多くの旅客が折り返し帰路につく中、あきらめず前進すること約 2 時間。自称晴れ男の私は、やはり運が良かった。突然、霧が晴れ、翠峰湖の全貌を垣間見ることができた。

「海抜 1,840 m の地に、まさか、これほど大きな湖があるとは！」台湾最大の高山湖と翡翠色の翠峰湖を、私は肉眼とレンズに焼き付けた。

縣市 County：宜蘭 Yilan｜地址 Add.：宜蘭縣南澳鄉翠峰湖（太平山森林遊樂園區，入口處位於翠峰景觀道路 15.5K 處）

4

兆豐農場
Chao Feng
Ranch & Resort

出国気分、花蓮の豪華庭園。

この周辺には、高層ビルも華やかな商業施設もないが、豊かな大自然がたっぷりある。私達は、目的地である総面積726ヘクタールの兆豊農場に到着した。

「1970年代初期、政府は、寿豊渓の河川敷から再開発を始めた。当初、さとうきびなどの農業が主であったが、1995年から乳牛の飼育を開始、約20年に渡り河岸整備や土地改良を進めてきた。」親切なスタッフが説明してくれた。更に、ここには約200種類の鳥類が生息し、アライグマを抱くこともできる。

空から眺めると、ヨーロッパの庭園を彷彿とさせる不思議な異国感を捉えることができた。

実は、ここには温泉もある。1997年、政府は、日本から専門家を招き、2ヶ月をかけて二指山の地下1500mから水脈を掘り起こすことに成功したそうだ。台湾と日本は、色んな所で色んな形で繋がっている。

縣市 County：花蓮 Hualien｜地址 Add.：花蓮縣鳳林鎮永福街20號

5

烏岩角
Wuyan Cape

漁夫が語る、宜蘭に浮かぶ海と緑の美景。

台湾国内の旅行時、実は常に台湾の輪郭に似た自然美景をこっそりと探している。花蓮の洞窟、澎湖の岩石、阿里山のご神木等、写真家達が公開する「隠れ台湾特集」の隠れたファンである。この私の隠れた趣味を聞きつけた宜蘭の漁夫が、私に教えてくれた秘境、烏岩角。

ネット上で検索すると、確かに、台湾の形状に類似している可能性がある。そうであれば、第一発見者になれる！期待に胸を躍らせ、宜蘭へ急行した。

「島の形状が台湾に見えない？」「想像力が豊富な子供には、そう見えるかもしれないね！」お調子者の私と厳格な母の会話である。しかしながら、私はこの美しい宜蘭の景色に出会えたのだ。そう気を取り直して、引き続き「隠れた台湾の形」を探しにいく。

縣市 County：宜蘭 Yilan｜地址 Add.：宜蘭縣蘇澳鎮烏岩角（介於東澳與南方澳之間，登山口位在台9丁線約113.6K處）

6

見晴懷古歩道
Jianqing
Historic Trail

世界に認められた、歴史を刻む線路。

「見晴懷古歩道は、2015年、外国人評論家により、世界で最も美しい小道28選に台湾で唯一選出された歩道だ。全長2.25km。以前は太平山の木材を運搬する線路であったが、その後廃線となり、天然の歩道として修復された。」この文章を読み終えた後、重装備の登山着で臨んだ私であったが、意外にも、想像より非常に歩きやすい歩道であった。私は、喜びと後悔を味わう。（重すぎる！）

この美しい歩道は、2013年、度重なる台風被害を受けた。現在は約1kmの修復が完了し、開放されている。歩道の後半には刺激的な吊り橋が鎮座している。私は、怖がる友人を橋上に誘い出し、わざと揺らして撮影に収めた。

良い子は真似しないように。

縣市 County：宜蘭 Yilan｜地址 Add.：宜蘭縣大同鄉見晴懷古歩道（歩道入口位於太平山宜專一線23.1K處）

7

都蘭鼻
Pacifalan

台東都蘭の聖地は、私を成長させる。

「更に多くの方に都蘭部落を知ってもらいたい。」あの日、一本の電話が、私をここに呼び寄せた。精悍な眼差しの青年たちが世界に自分の土地を伝えたいと願う気持ちを受けて、私は協力すると心に誓う。

小さなカメラの小さなレンズを通して、ここで生まれる豊富な芸術を記録する。休憩時、海の側の木陰からあてもなくドローンを飛ばした。ゆっくりと空から眺めた時、私と都蘭の距離が少し近くなったような気がした。

ここに来ると気持ちが切り替わる。いつも新しい発見、出会い、驚きがある。それは風景、原住民の伝統文化だけにあらず、いつの間にか一皮剥けさせられるような不思議な感覚でもある。

縣市 County：臺東 Taitung｜地址 Add.：臺東縣東河鄉都蘭部落（位於都蘭糖廠附近）

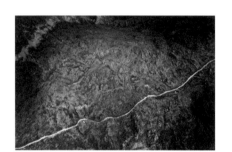

8

錐麓古道
Jhui Lu
Historical Trail

台湾の味、緊張下で嗜む絶景。

世界遺産級の太魯閣國家公園。誰もが認める台湾を代表する景観の一つだ。近年、唯一の史跡保存区である錐麓古道は、特に脚光を浴びている。ドローン撮影の為に、私は2度目の訪問である。

早期、錐麓古道は台湾原住民（太魯閣族）の各部落間を繋ぐ主要な道であった。当時の面影は今にも残存する。現在、解放されている道は僅か3.1 km（全行程、10.3 km）。山道には、日本時代に建設された石碑の門、及び石像などが点在。目的地に到着するや否や、集合の合図と共に注意喚起がされ、私はすぐにヘルメット装着した。

気持ちは、準備万全。その矢先、何やら嬉しそうな登山客に遭遇。口早に「頭くらい大きな大理石が目の前に落ちてきた。」と言う。緊張と不安を抱えて、心臓破りの崖道を進む。人がすれ違う度に、深呼吸だ。このスリルの中で味わう絶景もまた、台湾の味。

縣市 County：花蓮 Hualien｜地址 Add.：花蓮縣秀林鄉燕子口（登山口位於台8線176.9K附近）

9

加羅湖
Lake Jialuo

台湾の鏡、宝島の眠れる美山。

登山口の傍らに樹齢二千年の樹が鎮座し、まるで鳥居のような威厳を放つ。時々、台湾の山は、私を異なる世界へと誘う。隠れた魅力がまだ眠っている、それこそが台湾の潜在的な価値である。年に数回の山上で一泊する旅がやってきた。ああ、恐ろしい日だ。15 kgの荷物を背負い、片道5時間の登山。複雑な心境だ。私は本当に山が好きなのだろうか？

しかし、海抜1,800 mの山上には、約400 mの範囲に異なる生態の森林が存在し、秘境ならではの様々な舞台が繰り広げられていた。この小さな湖畔で、日の入り、日の出、雲霧を体験し、神秘的な景色と時間を思う存分堪能した。

縣市 County：宜蘭 Yilan｜地址 Add.：宜蘭縣大同鄉四季村加羅湖（需申請入山證，登山口位於四季林道入口處）

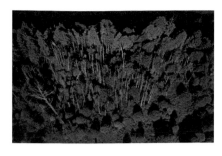

10

偉蛋池
Lake Weidan

散らばった真珠。

山頂に、空や星々を写す鏡のような湖がある、それは、火災と強風の影響下で眠りについた白木の森林。

この一帯の湖群：偉蛋池、檜木池、撤退池、豪邁池、墨池、姐妹湖、偉人池、加羅湖 .... ここは、美しき別名――「散らばった真珠」。伝説には、「はるか昔、仙女がここで化粧をする際に、不注意で鏡を割ってしまった。その鏡の破片が落下し、この加羅湖の山上に美しい湖を形成した。そして、それは、散らばった真珠と呼ばれるようになった。」

火災に耐えた木の幹や現存する景色は、言い伝えられる物語と相まって、童話のような世界を作り上げている。湖に浸る白木は、自然の神様がそこに佇んでいるようにも見え、静謐な空間は神聖で容易に足を踏み入れがたい畏怖を感じさせる。

縣市 County：宜蘭 Yilan｜地址 Add.：宜蘭縣大同鄉四季村偉蛋池（需申請入山證，登山口位於四季林道入口處）

11

新寮瀑布步道
Sinliao
Waterfall Trail

あけましておめでとう、台湾！

2020 年 1 月 1 日、私は一年のいいスタートを切るために、神社にお参りでもなく、縁起がいい物を食べるでもなく、タイヤル族の友人と新寮瀑布歩道の滝を撮影しに来ていた。

安全の為、入口で氏名、入園時間、人数を記載する。新寮溪の源は、海抜 980 ｍの新寮山に発し、断層の発達により、10 瀑の滝が形成されている。そのうち新寮瀑布は最も川下に位置する。静寂な森林の中、遠くから滝の音が徐々に聞こえてくる。吊り橋から正面に滝を捉えることができる第一の滝。水しぶきが豪快に一帯を覆い尽くす第二の滝。どちらも異なる迫力と構図があり、撮影は完了した。

新年最初の一日、とても貴重な時間を過ごすことができた。

縣市 County：宜蘭 Yilan｜地址 Add.：宜蘭縣冬山鄉新寮二路盡頭

12

抹茶山
（聖母登山步道）
Mt.Matcha
(Sacred Mother Trail)

一つの山が人の人生を変えることがある。

2018 年、台中の写真家、鍾伯俞と私が偶然発見した、聖母に守護されている山は、私に斬新な喜怒哀楽を与えた。過去、山上で火災が発生した他、強靭な山風により植物は育ち難い、そして、この希少な風景が形成された。撮影当時、空腹時にシャッターでこの地を捉えたためか、私は「抹茶山」と命名した。意外なことに、その日本風の名は、台湾国内に響き渡り、多くの人に認知されるきっかけとなった。

一歩一歩、進み続けること。大きなことを成し遂げるための唯一の方法である。それは、この国の未来発展の道理と同じことかと思う。

縣市 County：宜蘭 Yilan｜地址 Add.：宜蘭縣礁溪鄉五峰路（五峰旗瀑布風景區上方）

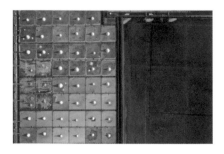

13

井仔腳
瓦盤鹽田

Jing Zhai Jiao Tile
Paved Salt Fields

台南の小さな富士山！

「清朝時代の名称は、台湾府城。台湾という地名は、台南一帯の一地域を指し、これが、後に台湾全体を指す名になった。」この国を訪れ早数年、偶然一読した文章は、私を再び台南へと運ぶ。

異なる台南を記録するため、この街の代名詞でもある歴史や美食ではなく、視線を台南北西部の海沿いに向ける。辿り着いたのは、「井仔腳瓦盤塩田」。ここは、井塩の製造工程から生まれる小さな塩の里、台湾で最も美しい夕陽がさす塩田。

黄昏時、ドローンのレンズ下に、薄く水を張った塩田が広がる。まるで鏡のような水面の全景を捉えた。丁度空を飛んでいた鳥の群れも、富士山のような小さな塩山も、夕陽の残照も、全てを反射させている。不思議なことに、また、あの一文が私の心に閃いた——「台南台湾、台南は台湾の起源であった！」こんにちは、台湾。

縣市 County：臺南 Tainan ｜ 地址 Add.：臺南市北門區永華里井仔腳興安宮旁

14

隙頂象山

Mt.Xiang, Xiding

空の茶畑。

嘉義県阿里山、18 の連なる山脈の総称である。山道をドライブしていた最中、運転手が急に車を停めた私に教えてくれた：「ここ綺麗だよ。」

方角はドローンの飛行後に確認、目的地を探す時間を除いて、飛ばしてから全部決める。心配をよそに、海抜が高いためか、事前に設定した撮影の目的地がなくとも、辺り一帯は、どこも美しい。隙頂象山の地名にもあるように、ドローンは遠方にある山々の隙間から巨大な象山を捉えた。同時に世界に誇る阿里山茶畑の雄大な眺めを捉えることができたんだ。

縣市 County：嘉義 Chiayi ｜ 地址 Add.：嘉義縣番路鄉阿里山公路 25 號

15

山川琉璃吊橋

Shanchuan Glass
Suspension Bridge

まるで一匹の大蛇。

台湾最南端にある屏東県の北部に位置する、台湾原住民文化園区にやってきた。原住民をこよなく愛する僕にとって、ディズニーランドのような場所。実に三度目の訪問である。今回の目標は、2015 年 12 月に一般開放された北側「三地門鄉」と南側「瑪家鄉」を結ぶ全長 263 m の山川琉璃吊橋。高さ 45 m であるため、高所恐怖症の方にはおススメできない。

橋の両脇にはパイワン族の象徴である百歩蛇とパイワン族やルカイ族の工芸品として知られる色とりどりの瑠璃玉があしらわれていた。空からこの長い橋をドローンに収めた時、まるで大蛇のようにも見えたのも印象的であった。

縣市 County：屏東 Pingtung ｜ 地址 Add.：屏東縣三地門鄉中正路一段 56 號（位於三地門鄉與瑪家鄉之間）

16

青鯤鯓
扇形鹽田

Qingkunshen
Fan-shaped Salt Fields

ここはまさに、ドローンの秘境スポット！

ついにやってきた青鯤鯓扇形塩田。1977 年、台塩によって青鯤鯓砂洲と内海を埋め立てて作られた台南の小秘境。しかしながら、周辺には建物も人通りも少なく、平地から眺める塩田は、正直全く概要を掴めない。「飛ばして見ればわかる。」と現地人の笑顔を受け、ドローンを飛ばす。なるほど、海に向かって放射線状に広がる独特の形状をレンズが捉えた。扇の骨となる部分は給水溝、排水溝、鹹水溝、道路となっている。これまでの伝統を打破した扇形の塩田は次第に荒廃していたが、近年の空撮ブームにより、扇形塩田の魅力が再び多くの人々の目に触れることになったそうだ。

縣市 County：臺南 Tainan｜地址 Add.：臺南市將軍區鯤鯓里（介於將軍漁港南方和青鯤鯓北方）

17

十八羅漢山
風景區

Eighteen Arhats
Mountain Scenic Area

立ち上がる、高雄屈指の温泉郷。

「六亀地域にはかつて年間 30 万人余りの観光客が訪れていた。しかし、2009 年の台風 8 号による水害で被災し、東西横断道路が寸断された影響などで、人口は 10 年間で約 2 割減少した。」この言葉は、私にとって、東日本大震災の記憶と重なった。
自然災害により、一部の地形は変化し、その傷跡は自然の博物館のようにそこに存在している。過去にどれだけひどい被害があったかを示し、訪れる者に訴えかけてくる。約 40 の火炎山で構成されている十八羅漢山風景区は特殊な地形の嶺が連なっており、まるで十八羅漢が道路脇に立ち、大地を見守っているように見える。温泉郷をはじめ、これらの美しい景色がまたこの場所に活気を与えることを切に願う。

縣市 County：高雄 Kaohsiung｜地址 Add.：高雄市六龜區省道台 27 甲線，位於新威到六龜公路的 6 個隧道中間。（服務區位於高雄市六龜區復興巷 66 號）

18

林默娘公園

Lin Mo Niang Park

隠された裏テーマ。

あの日、偶然通りかかった大きな媽祖様が目印である台南の林默娘公園で、日本の正月によく見かける光景と出逢い、足を止めた。
それは、糸で牽引し、揚力を起こして空中に飛揚させる凧だ。幼少期はよく家族と木や竹などの骨組みに紙を張り、凧糸で反り具合や形を整えて作った。世界各地で見られる光景であろう。
この風にたなびく一本の長い凧は、本書《風立ちぬ、台湾》に影響を与えたと同時に、日本や家族との記憶をリンクさせた。
風が立つ。その見えないものに目を向けたい。「空：そら」がテーマであるけれど、実はその裏にあるテーマは「風」。

縣市 County：臺南 Tainan｜地址 Add.：臺南市安平區安億路上

19

後龍石滬
Stone Weir, Houlong

金環日食の日。

2020 年 6 月 21 日、太陽が月の影に隠れリング状に見える「金環日食」が観測できた日。この日、私は苗栗県後龍鎮濱海に来ていた。約 300 年保存されている「合歡」と「母乃」という二つの石滬（シーフー）。石滬とは、澎湖でもお馴染みの石を利用して作った魚を捕らえる為の罠である。多くの家族連れが潮間帯の景観を観察しに来ている中、私はドローンで記録することにした。

なるほど、石滬は魚を捕獲する以外に、消波ブロックの役目も担っている。連続して押し寄せる高波はまるで揺れるスカートの模様のような表情をしており、歴史を刻む層のようにも見えた。

縣市 County：苗栗 Miaoli｜地址 Add.：苗栗縣後龍鎮外埔漁港北邊

20

武陵農場
Wuling Farm

ただ、また台湾が好きになるだけ。

日本を離れて約四年、隣国台湾の生活にも慣れてきたが、唯一、年に一度必ず来る心の叫び「どうしても満開の桜が見たい！」
実は、阿里山、司馬庫斯など、満開の桜を楽しめる場所は台湾各地にある。しかし、新境地を開拓したい私は、標高 2,000 m を超え、台湾の避暑地とも言われている台中、武陵農場を訪れた。広大な敷地には台湾で二番目に高い雪山への登山口や、四季折々の異なった風情があり、清涼な山風と七家湾渓のせせらぎに五感をくすぐられる。約 10 数年前より、毎年一万本の桜を植樹する計画があり、既にこの数年で数万本の桜が植樹されたそうだ。そして、車から見えた念願の桜吹雪。
そう、この風に舞うピンクの光景を見るために山に来たんだ。

縣市 County：臺中 Taichung｜地址 Add.：臺中市和平區平等里武陵路 2 號

21

湖山寺
Hushan Temple

大仏のテーマパーク。

農業王国と謳われる雲林県の新しい魅力を証明する為、東部に位置する大自然に囲まれた湖山寺を訪ねた。道路脇にこれでもかと金色の大仏が林立している。中でも、巨大な弥勒菩薩が小山に腰を下ろし、この地を見下ろしている姿はかなりの存在感だ。遠方からでも際立つその大きさは 36 m。
隠れた美食の宝庫でありながら、日本時代の街並みも残るノスタルジックな雲林。大好物の牡蠣とカラスミを食し、新しい雲林を発見した旅から帰路に立つ。

縣市 County：雲林 Yunlin｜地址 Add.：雲林縣斗六市岩山路 48 號

未知の彰化を探索記録する為に。

ロシア人とアメリカ人の仲間達を引き連れ、弾丸の旅が始まった。早朝から彰化を縦横無尽に駆け巡り、最後に目標を定めたのは、福興郷の「福寶濕地」。台風で漂流した約 400 本の流木の密集地帯である。夏には向日葵畑に姿を変える彰化西部のこの秘境は、夕暮れ時になると、更に独特の空気を纏う。

木々には鳥達が巣を作り、近場にある石碑には、仏像の頭部だけが埋め込まれている。まるで映画の撮影地のような非現実的な風景。海から吹き付ける強風の中、恐る恐るドローンを飛ばす。高度は低くとも、奥に見える風車、大きな夕焼けとオレンジ色に照らされる湿原を確認できた。この旅の締めくくりに最も美しい彰化に出会えた。

福寶濕地
Fubao Wetlands

縣市 County：彰化 Chunghua ｜地址 Add.：彰化縣福興郷新生路臨 63 號

私の大好物、雪見大福の楽園。

「なんと人を惹きつける形と色だろう。」私は、この感覚を日本でも味わったことがある。

毎年一度、敷地一帯を丸い植物が埋め尽す。これは、まさに茨城県の国営ひたち海浜公園で咲く、コキアに似た存在だ。波波草は実は「芙蓉草」と呼ばれる植物。本来、新緑色であるが、季節によって白く衣替えをする。また、薬用植物としても利用されている。集合した白銀の景色は訪れる人の心を癒し、台湾に新しい風を運んでいた。

建華芙蓉園
Jianhua Furong
Garden

縣市 County：彰化 Changhua ｜地址 Add.：彰化縣田尾郷彰 141 郷道 210-224

いつかこの神秘的な景色にきっとまた会いに来る。

観光の名勝地ではない。明確な名前はないが、ただ綺麗だから撮りたい。たまにそんな場所との出逢いがある。今回は、苗栗で隙間時間に海沿いの夕焼けを見ていた時に、出逢うことができた。携帯で場所を確認。最も近い名所は「中港溪」。台湾北部、長さ 54 km の中央管河川、河口付近だ。

肉眼で捉えられる景色だけでも満たされる美しさではあったが、太陽が暮れるまでの短時間、奥に見える灯台までは間に合わない。そこで、相棒（ドローン）の力を借りる。潮が引き、隠れていた浅瀬が浮かびあがり、無数の道が姿を現す。Beautiful country, Taiwan!

中港溪
Zhonggang River

縣市 County：苗栗 Miaoli ｜地址 Add.：苗栗縣北埔郷

25

雪山
登山口服務站

Trailhead Service
Station of Mt.Syue

私は海抜 2,140 m でただ空を見上げている。

1992 年、台湾で 5 番目の国家公園に指定された雪山。総面積 76,850 ヘクタールもの雪覇国家公園は 3,000 m 級の山々がそびえる中央山脈にあり、新竹県の五峰郷と尖石郷、苗栗県の泰安郷及び台中市の和平区が含まれている。今回の目的地は、山頂ではなく登山口である。何故なら、ここは貯水池に銀河が映る、星空観賞の秘境なのだ。
気温が下がり、息が白くなる。天候に恵まれ、鏡のような水面に満天の星空が映し出された。想像以上だ。星の力、台湾の魅力に触れた夜。

縣市 County：臺中 Taichung｜地址 Add.：臺中市和平區武陵路 9 之 3 號

26

青青草原
Qing Jing Farm

日本時代の別名——見晴らし農場。

「日本が恋しくならないの？」頻繁に受ける質問に対して、標高 1,700 m に位置する南投県の清境農場から返答する。
台湾各地にある「日本のような風景」が私に与える安心感や心への影響は大きいと断言できる。特に、その代表となる春の風物詩——桜。中央山脈の山々が眺望できる雲の上の桃源郷、青青草原。ここもまた、私にとって日本を彷彿とさせる景色がある場所の一つである。
放し飼いの羊、芝生の明るい緑、そして咲き乱れる桜が都会の喧騒から人々を解放し、心を晴れやかにしてくれる。海外に暮らすと誰しも母国が恋しくなることがあるだろう。しかし、台湾は日本人にとって、他の世界にはないものがある。唯一無二の特別な国なのだ。

縣市 County：南投 Nantou｜地址 Add.：南投縣仁愛郷仁和路 170 號

27

The One
南園人文客棧

The One Nanyuan
Land of Retreat &
Wellness

自分へのご褒美。

風水を元に、「江南庭園」「閩南式建築」「洋館」のアーケードを融合させ、大安森林公園よりも広い 27 ヘクタールの敷地を持つ。四方を山に囲まれたここは、唯一無二の The One 南園人文客棧。宿泊施設というより、もはや博物館と称した方が相応しい。深呼吸したくなる空気感。古今東西の自然、文化をモダンに昇華しつつ、後世に伝えたいという想いが伝わってくる。
中でも、日本人である私にとって注目すべきは、世界的建築家、隈研吾氏の作品——「風檐」。
738 本の檜を使用し、全て異なる角度でジョイントさせた骨組みの作品は、アーチ構造のためか、神社の鳥居のように神聖な世界への入り口のような趣だ。木材にも関わらず、柔らかな印象を与える「風檐」と南園には、私が求める以上の贅沢があった。

縣市 County：新竹 Hsinchu｜地址 Add.：新竹縣新埔鎮九芎湖 32 號

不思議な山頂の秘密基地。

子供たちにとって、ここはまるで秘密基地。大人たちにとっては、懐かしい場所。三角埔頂山は、日本の漫画「ドラえもん」に出てくる裏山を彷彿とさせる。ここは、とても不可思議な存在である。
広大なススキ畑は、視界に完全に収まりきらない。風になびくその姿は、まるで魚の群れが泳いでいるようだ。山頂からは新荘、板橋、三重と台北地区の景色が眺望できる。目印の高圧電塔が、静かな丘の地面に腰を下ろしている。ゆっくりと散歩し、とても贅沢で美しい夕暮れの時間を過ごすことができた。
ススキの花言葉は、「活力」。この日、私は黄金色に輝く新北の丘山に出逢ったと同時に、たくさんのエネルギーをもらった。

28

三角埔頂山
Mt. Sanjiaopu

縣市 County：新北 New Taipei City ｜地址 Add.：新北市樹林區多福歩道登山口（位於新北市軍人忠靈祠附近）

新北の軍艦島。

晴天！青空！たっぷり寝た！今日は間違いなく旅行日和だ。昂る心冷めやらぬうちに、全長約3.5 km の木柵歩道、壮大な海岸と岬のあるこの地に飛んできた。
海岸浸食や岩層石の風化、亀裂が著しく、土石崩落の危険もあるため、一部は通行禁止である。しかしながら、空から眺めれば、灯台や山海一帯の壮大な景観も観察することができる。全貌を捉えた時、この歩道がまるで漫画の宇宙戦艦ヤマトのように見えた。大きな戦艦が今にも大海原に出航しそうな勢いをこの地に感じた。

29

鼻頭角歩道
Bitou Cape Hiking
Trail

縣市 County：新北 New Taipei City ｜地址 Add.：新北市瑞芳區鼻頭路（歩道入口處位於鼻頭國小附近）

台湾、誕生日おめでとう！

2020 年 10 月 10 日、双十節の連休二日目。台湾各地が建国記念日の盛り上がりを見せる中、私は新北市の山中でバイクを走らせていた。雨天の中、「もしかしたら晴れるかもしれない。」と無理を言ってしまったが、そのわがままを受け入れてくれた私の友人は偉大である。
100 年ほど前に建てられた純陽宮という廟の脇にこの滝がある。勢いよくしぶきをあげて落ちる様が銀河の煌めきのようだったことから、洞窟を「銀河の洞窟」、滝を「銀河の滝」と名付けたそうだ。この風景を見た日本人は、きっと千葉県南房総にある崖の観音、大福寺を連想するだろう。このような大自然と歴史的建造物が融合した独特の風景が世代を超えて受け継がれていくと考えた時、その計り知れない時間の距離に「銀河」と言う表現は、ピッタリだと思った。

30

銀河瀑布・
銀河洞
Yinhe Cave
Waterfall, Yinhe
Cave

縣市 County：新北 New Taipei City ｜地址 Add.：新北市新店區銀河洞越嶺歩道（登山口位於銀河路 1.2K 處）

31

劍龍稜
Stegosaurus Ridge

ゴジラの背中を突き進む唯一無二の登山道。

「スタートが肝心だよね！」この日の気分は、山と海で一晩過ごしたい。私は、期待と希望に胸を膨らませ、仲間達と冒険に繰り出した。

途中、小さな蛇に遭遇し、かつて、人が暮らしていた形跡が残る岩に触れる。そんな、登山あるあるを横目に談笑したのも束の間、皆の笑顔は長くは続かなかった。雨上がりの泥まみれの道で、どこもかしこも兎に角、滑る。急斜面を命綱無しの腕力頼みでよじ登る。ここは、山と言うより崖。しかし、恐怖の中で見た岩肌は、ゴジラの背中のように荘厳で逞しかった。山頂にたどり着いた時、仲間達としたハイタッチは、一生忘れない素晴らしい台湾の記憶となった。

縣市 County：新北 New Taipei City | 地址 Add.：新北市瑞芳區南雅里劍龍稜（南子吝步道入口處位於台 2 線 81.1K 南雅漁港停車場附近

32

十三層遺址
Remains of the 13 Levels

台湾版、天空の城ラピュタ

「天空の城」と呼ばれる、十三層遺址遺跡。正式名称は、「水湳洞選錬廠」。日本時代に建設された鉱山施設跡で、当時は、金や銅などの選別や精錬が行われていたそうだ。壮大な廃墟。その類稀なる環境下に置いて、長きに渡り歴史を見守ってきた人知れず深い物語。

静けさと霧に覆われた早朝、ドローンが捉えた世界は、まるで宮崎駿監督の作品にあるような、映像美であった。

風景とは——気候、時間、光線、植物、水、風、それぞれが重り合い、構成される「美」。この遺跡は、当時の歴史を偲ぶ貴重な宝物であり、空を浮遊する城のように、人に、童心を思い出させるのだ。

縣市 County：新北 New Taipei City | 地址 Add.：新北市瑞芳區水湳洞停車場處（位於瑞芳區濱海公路旁）

33

汐止拱北殿
Gongbei Temple

侘び寂び。

日本古来の美意識、侘び寂びを感じさせる汐止拱北殿。その入口にかかる彼岸橋は、小さく短いがそれもまた良き。紅色の欄干と石畳のグレーのコントラスト。周りの樹々の枝ぶりと相まって、奥行きのある風景を織りなす。私が好む静かな景色だ。

秋になると、この一帯は紅葉に彩られる。この 100 年以上の歴史を有する廟は、汐止人の信仰の中心というだけでなく、私にとって故郷を味わうことができる小さな秘境なのだ。

縣市 County：新北 New Taipei City | 地址 Add.：新北市汐止區楓內里 1 鄰汐萬路三段 88 號

人を癒す翡翠色の力。

帰路、高地から街を撮影するために急遽遠回りし、台湾最大のダム、石門水庫を訪れた。空から眺望する石門ダムは、想像以上に輝き、壮観で、孔雀の羽のような翡翠色の水をたたえている。まさに人の心を癒す力がある。水面に漂流する一軒の小さな家。後に知ったことだが、それは、潜水研修する為の水上の仕事場であった。ここは、この一枚の写真の構図にとって、大きさや広さを表すための大切なアクセントになった。
次回は、雨季の季節を狙い、必ず、壮観なダムの放流をみたいと誓う。ダムの大規模な存在感は、私の足と思考を止めたと同時に、その価値と魅力を教えてくれた。

34

石門水庫
Shihmen Reservoir

縣市 County：桃園 Taoyuan｜地址 Add.：桃園市大溪區環湖路一段 68 號

樹齢 2,000 年を超える神樹が 100 本以上集まる聖域。

「嵩河源民宿」を経営するタイヤル族の母親と青年が、鎮西堡の案内係だ。彼らの山に関する知識は、ただ教科書から得た知識だけではなく、山の中の生活でその生態系から自然に学習したもの。その知識は、無の状態の私の時間を何倍にも豊富にしてくれる。
てっぺんが見えないほどの大木を前にした時、計り知れない大海を眺望したような、その壮大な世界に心を打たれた。その場所では、ドローン撮影はできなかったが、無邪気な笑顔、家族愛、突然の豪雨、この山の全てが、私の心を磨いてくれた。

35

鎮西堡
Zhenxibao

縣市 County：新竹 Hsinchu｜地址 Add.：新竹縣尖石鄉鎮西堡

ずっと山を登り続けようと心に決めた。

「普通の観光地だけじゃ物足りない。でも、遠方へは出かけたくない。台湾の大自然の中で、スリルを味わいたい。」そんな大変我儘なあなたに私が推薦する小秘境──孝子山。
一見何の変哲もない登山口に足を踏み入れると、孝子山、慈母峰、普陀山の異なる行先の梯子の歩道が出現し、あなたは、三択を迫られる。私は、直感的な判断で左手に進み、王道の孝子山にたどり着いた。標高 360 m と高度はあまり無いが、もし霧がかかっていれば、山水画のような風景が見られるに違いない。この辺りには、実は老若男女問わず、胸がワクワクする景色が潜んでいる。

36

孝子山
Mt. Xiaozi

縣市 County：新北 New Taipei City｜地址 Add.：新北市平溪區孝子山（步道入口處位於平溪老街與靜安路口旁的野溪小瀑邊）

37

天元宮
Wuji Tianyuan
Temple

桜が咲く頃に、また。

「1971 年着工、1985 年完成した道教の廟。直径 108 ｍ円形 5 階建て無極真元天壇は山の上にあるため、登ると陽明山や海、台北盆地の景色を 360 度見渡すことができる。春には吉野桜、山桜の異なる 2 色が重なり、満開の桜を見ることができる。」北部の桜の新名所、淡水の天元宮を管理する方が熱心に説明してくれた。
傍らでうなづきつつ、「なぜこんなにウェディングケーキに見えるんだろう。」私は変わった発想に脳を支配され、実は少々上の空であった。しかしながら、空から眺めた天壇は、四方を山に囲まれており、四季折々にお色直しする姿を容易に想像することができた。

縣市 County：新北 New Taipei City｜地址 Add.：新北市淡水區水源里北新路三段 36 號

38

基隆山
Mt. Keelung

美しい花と山には棘がある。

出発前、ドローンで山を観察し、「可愛らしい山」「ピラミッド型」「絵に描きやすそう」と、お気楽に他愛のない話をしながら、一見親しみやすい形状のこの山に向かった。しかし、2020 年、最も過酷だった登山はここ、基隆山、東峰の雷霆峰（海抜 467 m）である。
太平洋と基隆港が眼下に広がり、優雅な登山が始まるかと思いきや、しばらく岩壁が続く。「ロッククライミングではない。」登山家の同行者は、そう言うが、角度はほぼ 80 度。「補助ロープがあるので、難しいことはない。」と言うが、皆の顔に一切の笑顔無し。登山中の「もう少しで山頂。」という言葉ほど、あてにならない。何も信じられなくなったところで、雨が降り始め、一体は霧に覆われる。下山後、いい年をした仲間たちが全身泥だらけになった姿だけは、結構好きだった。

縣市 County：新北 New Taipei City｜地址 Add.：新北市瑞芳區山尖路 174-1 號旁（基隆山步道登山口位於九份老街附近）

39

亞洲樂園
Asia Theme Park

古城廃墟の物語。

「あの赤い屋根は、何？」ドローンを飛行操作中、偶然、石門ダム奥地の森林に潜む一つの古城をレンズが捉えた。現地人によると、あれは、1980 年代に一時栄えた大型遊園地「アジアテーマパーク」の跡地。現在は、私有地の為、外部立入禁止。少し残念だが、植物生い茂るそこへ行く勇気はない。だが、宝物を発見したようなワクワク感が湧き上がる。
桃園、ここには台湾の玄関口である桃園空港、桃が豊作に実る拉拉山、日本時代から今に残る桃園神社がある。実は、個性溢れる桃園。空港を発着する世界の空を飛び回る飛行機から、手元の小さなドローンに目を向ける。丈夫でもなければ、飛行高度も大変低く、制限だらけで、一見頼りにならない。しかし、新しい何かを発掘し、撮影する為に、私はこの機体を空に放つ。「何かがある」山中で、私の目となり、引き続き、台湾の深き新秘境を探し求めるのだ。

縣市 County：桃園 Taoyuan｜地址 Add.：桃園市大溪區復興里環湖路一段 68 號（位於石門水庫西側）

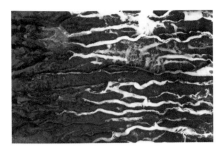

春の雷鳴、緑色の海岸線に咲く。

台湾本島の最北端、海辺の苔は主役に躍り出し、緑の花を咲かす。海波により潤された石槽（海蝕溝）の岩面から海草が繁殖。春頃、干潮時の海岸景観は、緑石槽と名を変え、輝き始める。海風に吹かれて、両足が砂浜に取られる中、無心に、心はここの絵に惹かれている。海岸沿いは、この美景を収めようと、大勢の人で活気立つ。大自然と都心が近い。これは、台湾の魅力であると共に、この場所に活路を与える。

考える。渡り鳥が眺める老梅緑石槽は、必ず、春の訪れを迎える雷鳴となる。

40

老梅綠石槽
Laomei Green Reef

縣市 County：新北 New Taipei City｜地址 Add.：新北市石門區老梅社區沿海

神から与えられた食物。

今作品「風起台湾」を通して、最も新しい魅力を感じた県は、風城と呼ばれる風の故郷、新竹県。山に霧がかかった時に、より美しい表情が垣間見えるように、新竹には、新風が吹くからこそ、生まれる独自の景観があった。

日本では、吊るして干すが、新竹では、皮を剥き、ヘタを下にしてザルで干すのが一般的。日本には「柿が赤くなると、医者は青くなる。」という諺がある。秋になって、色づいた栄養のある柿を食べるようになると、病人がたちまち少なくなってしまうから、医者は大変困るという意味である。ここで働く元気溌剌な方々を見ると、それは、ただの言い伝えではないと実感するだろう。

41

味衛佳
柿餅教育農場
Wei Wei Jia Dried
Persimmon Farm

縣市 County：新竹 Hsinchu｜地址 Add.：新竹縣新埔鎮旱坑路一段 283 巷 53 號

風立ちぬ、台湾。

「あの日、小型飛行機がここに落ちた。」

瞬く間に異世界にやってきた。ここは島の地図上にも位置情報の記載がない。まるで、広大な草原に眠っている飛行機とこの空間だけは、時間が止まっているようだった。機体は破壊、風化され、骨組みだけが残っている。墜落が地面に与えた強烈な衝撃が伺える。心が揺さぶられる。1987 年、不幸中の幸い、乗客は全員無事だったそうだ。

風は、生命を運んでいる。この久々に湧き上がる不可思議な感情は、私に無心でシャッターを切らせていた。横たわる飛行機は、私を無風のように平穏な状態へと誘う。しかし、心の中には波紋が広がっていた。

これだから人生は面白い、驚きはいつも疑問の裏側にある。

42

梯田上的飛機

Airplane on the
Terrace

縣市 County：澎湖 Penghu｜地址 Add.：澎湖縣望安鄉東吉村（東吉嶼北部菜宅一帯）

43

石巨人岩柱
Stone Giant

誕生の島と、台湾の岩柱。

東海岸の近くには、島を守るように並び立つ、岩柱をいくつか見ることができ、「石の巨人」とも呼ばれている。風化の崩壊によって形成された岩石の奇形は、澎湖県の数ある特殊な火山石の中でも、唯一無二。まるで、チリの世界遺産イースター島のモアイ - Moai を彷彿とさせる台湾の新しい秘境。伝説では、Moai の Mo は、未来。ai は、生存を意味する。
この台湾の岩柱、岩の巨人もまた、この島の守護神として「未来を見つめ、未来をリードする」ことを願い、そこに存在しているのだろうか。
※モアイ (Moai) はチリ領イースター島にある人面を模した石造彫刻のこと。

縣市 County：澎湖 Penghu｜地址 Add.：澎湖縣望安鄉東吉村 (位於東岸臨海處沿海)

44

日軍營舍遺址
Remains of Japanese Army Camp

地元の人々はそれを「ビングハウス」と呼ぶ。

島の北東エリアには、日本時代に、日本軍が島に建てた砲兵隊の跡地が残っている。
私の祖先が、隣国のこの小さな島に暮らしていたという事実と、その歴史が刻まれた岩を前に、何か感慨深いものを肌で感じる。防空壕、軍事観測所、お風呂場、台所、木造の寮の建物の跡形があり、頭の中で、当時の賑やかで壮大な空間がこの地にあったことを感じることができた。

縣市 County：澎湖 Penghu｜地址 Add.：澎湖縣望安鄉東吉村 (位於東吉嶼東北方)

45

虎頭山
Hutou Hill

原生な世界に生きる美景たち。

緑の青の境界線。
写真右手に見えるのは、「翡翠の豆腐」と評される、夏の風物詩である東吉嶼の景観、菜宅。日本語で直訳すると、野菜の家。島半分の面積を、その瑞々しい新緑の草原が覆っている。写真の奥手は、島の南側にある高さ 34 ｍの虎頭山。海から見ると大きな虎の上に小さな虎が横たわっているように見えることからその名が付けられそうだ。（その角度は、撮影できなかった。）
青々とした大海に囲まれた小さな宝島には、一体どれほどの魅力が詰まっているのだろうか。

縣市 County：澎湖 Penghu｜地址 Add.：澎湖縣望安鄉東吉村 (位於東吉嶼碼頭南側)

46

ただ、海域の安全を願って。

北側に位置し、海抜 47 m と島で最も高い地点にある東吉灯台。明代後期から清代初期の台湾と福建廈門（アモイ）は頻繁に交流を行っていた。この灯台は、その船乗りや漁師にとっての道しるべ。しかしながら、この海域一帯は、海難事故が最も頻繁に発生したことでも知られていた。この海域での航行の安全性を向上させる為、明治 44 年（1911 年）に灯台を建設。
この島が、一つの船であるとするならば、東吉灯台は、すれ違う船を照らし、各国の船を導き続ける。

東吉嶼燈塔
Dongjiyu Lighthouse

縣市 County：澎湖 Penghu｜地址 Add.：澎湖縣望安鄉東吉村 150 號

47

この一冊が、生まれた島。

風がいつもより、温かく感じる。街を歩いている猫は、普段より気持ち良さそうに見える。漁港から見える大きくカラフルな魚は、ずっと浅瀬で人を見ているようだった。西洋風の建物、伝統的な澎湖の古民家、日本時代のバロック様式のデザイン、この小さな小さな島を歩いてすぐに、ここに存在する神秘的で、不思議な愛おしい空気を感じた。
古くから海上貿易の基地として繁栄した過去の産物は、独特の空気を纏い、訪れる人を魅了する。

東吉嶼
Dong-Ji Island

縣市 County：澎湖 Penghu｜地址 Add.：澎湖縣望安鄉東吉村（拍攝點位於東吉嶼南邊沿岸）

48

地球、澎湖、海洋。

笑顔の女の子が、橋を駆け回りながら、話をしている、「海の上を歩いているみたい。」澎湖に架かる多くの橋に立つと、足元には、豊富な生態系が広がっており、透き通る大海に、旅人は思わず足を止める。
この広大な大海を前にした時、私は今作の撮影が半分完成していた。空から台湾を記録してからというもの、意外にも、陸地より大海の方が発見が多いことに気づいた。それは、人類が海上を歩くことができないからなのか、それとも、大海は人に無限の可能性を与えるからだろうか？私は、文章を書く時には、深夜の時間帯を選ぶように、客観的に物事を見たいときには、大海を前にすることを選択するだろう。
澎湖は、本当に、人の想像力を刺激する島だ。

小池角雙曲橋
Xiaochijiao Zigzag
Bridge

縣市 County：澎湖 Penghu｜地址 Add.：澎湖縣西嶼鄉竹灣村（鄰近池西岩瀑）

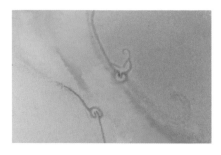

49

瓦硐村
Watong
Community

海に愛された大地、神秘の蒼。

島の民は言う。「空から見るとハート型に見える岩。これは、ロマンチックなだけではなく、まさしく知恵の形。潮の満ち引きを利用する仕掛けだ。魚の泳ぐルートを観察し、移動する流れを読み、潮が引いた時、ハート型の岩に留まった魚を捕獲するんだ。」

大小併せた約 90 からなる島嶼群、澎湖。世界を周遊する風が、祖先の知恵が生んだハート型の石上を、海鳥と共に翔ける。一色の青では決して表現できない。この色は、ただ静かに、透明でいて、心の埃を洗い流してくれる。人には創造することができない自然界の存在。何度も澎湖を訪れたことがあるのに、いつも、この島を離れる時、私の脳内には新しい島の魅力が浮かんでくる。

澎湖、また会いに来ます。

縣市 County：澎湖 Penghu｜地址 Add.：澎湖縣白沙鄉瓦硐村（位於白沙島西南端、由上社及下社兩個自然社區組成）

50

柚子湖
Lake Youzi

父親と私の会話。

「柚子湖」、この名称は湖名ではなく、かつて、この土地に存在した小さな漁村を意味する。この短期間の旅中、ここには、何度も呼び寄せられた。何故ならば、この地に散らばった火山岩の地質学的景観の一つである洞窟は、夜遅く、天然のプラネタリウムと変貌し、過去の記憶を呼び起こすからだ。

「硬く目をつぶった後、空を見上げてごらん。あの星は、アルタイル。明るい星が目印だ。夏の大三角は、この方角。」宇宙を愛する父親と私の会話。約 20 年前だ。幼い頃の私は、星の魅力や両親の宇宙に対する熱意を理解していなかっただろう。しかし、肉眼で眺める北斗七星や流れ星に、一瞬の感動を感じていたことに、疑いの余地はなかった。時は過ぎ、今日、私は、隣国の小島にある洞窟から、銀河を眺めている。地球を感じている。家族を想う。

縣市 County：臺東綠島 Green Island, Taitung｜地址 Add.：臺東縣綠島鄉海參坪北方（近環島公路 7K 處）

51

燕子洞
Swallow Cave

洞窟内飛行の初体験。

環島公路から海沿いの細い脇道を入っていくと、右手に旧刑務所跡、奥に第 13 中隊の墓地がある。本来、この「燕子洞」は、観光地だと思っていたが、砂利道、砂埃、水溜りの洗礼を受ける。想像していたリラックスした行程とは正反対、かなり原生な場所、それに、誰もいない。

第一印象は、まさに、「こんなに大きな洞窟は初めてかもしれない。」天然の海蝕洞を前に、立ち止まり、上を見上げて、心は子供のように天真爛漫になる。地名は、ツバメの洞窟であるが、洞窟内には石造りの舞台の跡が残されており、かつて、利用されていた人の息遣いを感じる。

この島は、多彩な発見と思考を常に私に与え続ける。

縣市 County：臺東綠島 Green Island, Taitung｜地址 Add.：臺東縣綠島鄉環島公路 22-1 號

緑島の心得。

「目立つものはあまりないが、色んなものがある。」この面積 16.2 km² の小島は旅人を試すかのように、ただ純粋な大自然を提供し、あとは、個人の感性に任せるような土地だ。
緑島にも抹茶色の草原がある。そこには、長年の風化と海水の侵食で造形された奇岩怪石がまるで芸術品のように点在していた。「何もないところ」も楽しめる才能があれば、どこへいってもきっとその土地と繋がることができる。

52

牛頭山
Niutou Hill

縣市 County：臺東綠島 Green Island, Taitung｜地址 Add.：臺東縣綠島鄉東北角突起的台地（近環島公路 6K 處）

私の青い春は、緑島にあり。

天気予報は、ずっと雨。でも、この島と自分の心は、ずっと快晴だった。
歴史を見守ってきた緑島監獄から、朝日温泉、過山古道、遠方の崖下を走る羊の群、牛頭山で視界の一帯を覆った真緑の芝生、道路を横切る巨大ヤドカリ。緑島で、多くの景色と物語に出逢った。私は、風に背中を押されるように島を駆け抜ける。
その中で、緑島の玄関口、南寮漁港にある傾いた灯台は、多くの旅客が見落とす景観だ。深夜、灯台の横は、波音だけが響き渡り、そして、私は、空に向けてゆっくりとカメラを構える。その何気ない瞬間、私はこの島を好きになった。日本時代、緑島の名称は、「火焼島」。ここで出逢った景色と仲間たちは、私の人生にとって、まるで消えない聖火であり、ゆっくりと燃え続ける炎なのだ。

53

南寮漁港
Nanliao Fishing Harbor

縣市 County：臺東綠島 Green Island, Taitung｜地址 Add.：臺東縣綠島鄉南寮村西側

各国から来る船舶を歓迎する道標。

「数年間、封鎖されていた島が開かれる。」
日々無数に流れていく報道。偶然耳に入ったこの一言が、翌日私の背中を碧砂漁港まで突き動かした。
久しぶりの離島だ。期待と好奇心に胸が高鳴る。本来勉強嫌いの私だが、こういう時だけは夢中で調べまくる。基隆嶼は基隆東北外海に位置し、各国の船舶が基隆港に入港する際の海上の道標だ。長さ約 960 m、幅約 400 m の小島。海底火山の噴火によって形成された断崖絶壁の地。
一歩足を踏み入れると、眼前に新緑の山が迫る。平地は無くタロコ国家公園に近い迫力だ。運が良い事に、何気なく撮った一枚は、「小基隆嶼」と呼ばれるミニチュア版基隆嶼であった。

54

小基隆嶼
Keelung Islet

縣市 County：基隆 Keelung｜地址 Add.：基隆市中正區外海（位於東北方的東海海域上）

55

和平島
Heping Island

基隆の呼吸、零の型 – 晴天の霹靂。

「和平島は、離島だよ。」ここは、台湾で初めて、本島と離島に橋が架かった島。私は、勘違いしていたが、基隆県の離島は、基隆島だけではない。和平島は船酔いを恐れる人（小林）も歓迎する宝島だ。

基隆は、世界各地から貿易の為にやってくる船舶の台湾の窓口、同時に、台湾の離島への出発点である。

台湾人及び、和平島公園にお礼を伝えたい。あなたたちは、琉球——沖縄より渡ってきた海女の文化を守ってくれた。更に重要なことは、この国は、歴史の痕跡を保存するだけでなく、現代的な方法（芸術、インターネット、各国の翻訳など）を使用し、民衆に解説してくれている。現地の住民たちだけではなく、私たち外国人もこの土地、風景、歴史の重要性を知ることができる。

まっすぐ歩くことができない、この木製の桟橋は、歴史を結ぶ架け橋。空から眺めるとそれは雷のようだった。ILHA FORMOSA.

縣市 County：基隆 Keelung ｜地址 Add.：基隆市中正區平一路 360 號

56

朗島部落
Iraraley Tribal Village

光の三原色、蘭嶼。

早朝から始める。極めて透明度が高い海へ飛び込み、部落の地下式住居を観察、干されているトビウオや路上の豚や鹿を撮影。この島で過ごす数日間は、好奇心を最優先に行動する。まるで、人生の夏休みだ。

あの日の夕方、本来は一軒のカフェでゆっくり時間を過ごすつもりだった。うとうとしていた私の席に、窓から差し込む夕暮れの光。外を見てくると友人に伝えて、細い裏道を歩く。階段を上がったところで振り返ると、「光の三原色」があった。無数にある光の色のうち、特に、赤、緑、青の 3 色は、目に見える光の中での、最も基本の色。このわずか 3 つの色の組み合わせで、この世に存在するほとんど全ての色を作り出すことができる。

縣市 County：臺東蘭嶼 Orchid Island, Taitung ｜地址 Add.：臺東縣蘭嶼鄉朗島部落（位於蘭嶼北側）

57

蘭嶼氣象站
Orchid Island (Lanyu)
Weather Station

日本時代の気象観測所。

「眠い。撮影したい。でも、やっぱり眠い。」

暗闇の時間帯に起床しなければならない絶望感の中、重い腰を上げて、一人バイクに跨る。蘭嶼で最も眺めがよい景勝地に対する期待も、悪天候を心配する不安も無い。ただ眠気を抱えて制高点となる、蘭嶼気象観測所に到着。同時に、気象台門前の地面で就寝、朝日の到来を待つ。

「眩しい。眠い。でも、やっぱり眩しい。」

目を擦り、ゆっくり面を上げる。しまった！既に、日出は水平線を通過している。しかしながら、八代湾の方角より、こぼれ挿す真っ直ぐ強大な光が、日本時代（1940 年）に建設された気象観測所を照らしていた。偶然の連鎖が自然の美景を呼び、私を感動させる。

間違いない、これこそ、旅。

縣市 County：臺東蘭嶼 Orchid Island, Taitung ｜地址 Add.：臺東縣蘭嶼鄉紅頭村 2 號

58

詳しい内容は P.130 をご覧ください。

阿里山
山美部落

Shanmei Tribal
Village, Alishan

縣市 County：嘉義 Chiayi ｜地址 Add.：嘉義縣阿里山鄉山美部落

59

詳しい内容は P.134 をご覧ください。

阿里山
達邦部落

Dabang Tribal
Village, Alishan

縣市 County：嘉義 Chiayi ｜地址 Add.：嘉義縣阿里山鄉達邦部落

60

詳しい内容は P.140 をご覧ください。

阿里山
特富野部落

Tefuye Tribal
Village, Alishan

縣市 County：嘉義 Chiayi ｜地址 Add.：嘉義縣阿里山鄉特富野部落

從島到島，跨越大海而來的我，

彷彿候鳥般，經常意識著風，展翅高飛，從天空觀察臺灣，拍攝臺灣。

真心期望我製作的這本書，能成為代表臺灣人的一冊名片。

即使不擅言詞，有時候一張照片，也能代替我傳達心情。

不用把「傳達」這件事想得太困難，是我這次作書時特別留意的事情。

不知道各位讀者有沒有接收到這本書傳達的意念呢？

我在臺灣學習到，我們應該持守與生俱來的特質。

臺灣，一直在持續改變世界。

臺灣，一直有新風吹起。

從人們氣息傳遞而來的熱情，滿溢希望。

我希望這本書，能在某處，成為某個人的順風助力，因此取了這個書名。

風起，臺灣。

攝影師 / 旅行作家──小林賢伍

Afterword

島から島へと、海を越えてきた私は、

渡り鳥にように、常に風を意識し、羽を羽ばたかせ、空から台湾を観察、撮影してきました。

私は、この本が、台湾人にとって一冊の名刺になることを願い、制作しました。

言葉をうまく話せなくても、一枚の写真が私の代わりに、物事を伝えてくれることがある。

「伝える」ということを難しく考えない、これは、今回の本作りで心がけたことです。

読者の皆様に、何か届けることができたでしょうか。

私は台湾から、生まれ授かったものを守り抜くことを学びました。

台湾は、ずっと世界を変え続けています。

台湾は、ずっと新しい風が吹いています。

息遣いから伝わってくる情熱は、希望に満ち溢れています。

この本が、どこかで誰かの追い風になることを願い、この名を付けました。

風たちぬ、台湾。

写真家 / 旅行作家──小林賢伍

作者 / 攝影 小林賢伍（Kengo Kobayashi）｜**翻譯** 林嘉慶｜**翻譯審訂** 高彩雯｜**設計** 田修銓｜**主編** CHIENWEI WANG｜**編輯協力** 林嘉慶｜**製作協力** 簡仕宥、范瓊文｜**中文校對** 簡淑媛｜**日語校對** 石川陽子｜**總編輯** 湯皓全｜**出版者** 大塊文化出版股份有限公司｜105022 台北市南京東路四段 25 號 11 樓｜www.locuspublishing.com｜**讀者服務專線** 0800-006689｜TEL (02) 87123898 FAX (02) 87123897｜**郵撥帳號** 18955675｜**戶名** 大塊文化出版股份有限公司｜E-MAIL locus@locuspublishing.com｜**法律顧問** 董安丹律師、顧慕堯律師｜**總經銷** 大和書報圖書股份有限公司｜**地址** 新北市新莊區五工五路 2 號｜TEL (02) 89902588（代表號）FAX (02) 22901658｜**製版** 瑞豐實業股份有限公司｜初版一刷 2021 年 1 月

特別感謝

三立都會台《上山下海過一夜》所有夥伴們、林晉億、Ellee Chiang、Kyuu、侯宜佳、汪寶瑞修女、安梓濱、游芭絲鄒宴餐廳、山美部落、達邦部落、特富野部落。

風起臺灣 = Be Sky Taiwan / 小林賢伍 著；林嘉慶 翻譯.
-- 初版 . -- 臺北市：大塊文化, 2021.01
168 面；21×27 公分 . -- (catch；265)
臺日對照
ISBN 978-986-5549-27-5 (平裝)

1. 空拍攝影 2. 臺灣遊記 3. 旅遊文學

733.69   109018008

FACEBOOK
小林賢伍 KengoKobayashi

INSTAGRAM
iamnotkengo

YOUTUBE
小林日記

注意事項：

本書空拍機攝影作品皆遵從政府的飛行法規進行拍攝。由於法規時常變更，使用時還務必注意。

本冊のドローン撮影作品は、全て政府の飛行規則に従って撮影しています。規則は、常に変更されますので、使用時には十分注意を払いましょう。

Copyright

catch 265

風起臺灣 Be Sky Taiwan

風立ちぬ、台湾